Klaus Schamberger

Ich bitte um Milde

Band X

Schonungslose Tatsachenberichte, sogenannte Humoresken, Enthüllungen, hammerartige Erzählungen, teilweise auch im 8-Uhr-Blatt/ Abendzeitung erschienen

Anzeigenentwurf und Gestaltung von Günter Rezab
Technische Direktion: Klaus Zeilein
erschienen im Sigena-Verlag
Klaus Schamberger
90530 Wendelstein bei Nürnberg
Kastanienstraße 6
ISBN 3-9802391-8-7

1. Auflage 1994

Layout und Technik: Klaus Zeilein
Umschlag: Günter Rezab
Anzeigengestaltung: Günter Rezab
Druckerei: ADV-Augsburger Druck- und Verlagshaus GmbH, Augsburg
Buchbinderei: Augsburger Industrie-Buchbinderei GmbH

Aus der Welt des Fortschritts:

Weltstadtflair in der Kaiser-Schdried

Wie aus dem Rathaus und einigen anderen Immobilienbüros jetzt erneut eidesstattlich versichert wurde, ist Nürnberg endgültig auf dem Durchbruch zur Weltstadt. Das dazugehörige Weltstadt-Flair befindet sich in Form von hohen Mieten und ganz kleinen, kostbaren Kaufgegenständen größtenteils in der Kaiserstraße. Noch immer wissen aber einige tranfunzelartige Nürnberger nicht, daß wir nichts dringender benötigen als das Flair einer Weltstadt. Ein kurzer Gang durch die Kaiserstraße würde diese marktwirtschaftlichen Volldeppen eines Besseren belehren.

Angenommen, in uns nimmt das Sehnen nach einem mailändischen Modellschühlein schon langsam Gestalt an, wir

haben uns mit unserer Hausbank bereits über entsprechende Sicherheiten unterhalten und wollen nun zum Kauf einer solchen Schweißfuß-Pretiose schreiten, so suchen wir nach diesem Kleinod um 1280 Mark in Eibach oder Worzeldorf vergebens. Nur in der berühmten Kaiserstraße können wir unseren weltmännischen Drang nach einem solchen Schuh, wie ihn auch der Pariser trägt, befriedigen.
Oder wievielen Bürgern brennt schon seit langem ein Designer-Abortdeckel zu 1800 Mark unter den Fingernägeln, ein handgeschöpftes Büttenklopapier, signiert, numeriert, limitiert? Solche Artikel des täglichen Bedarfs erhalten wir in Rom, in Amsterdam, zu Barcelona und jetzt in der erhabenen Kaiserstreet. Auch Cartier-Kugelschreiber um 930 Mark, ein Fensterleder von Etienne Aigner oder handgeklöppelte Bogner-Unterhosen finden wir dort zuhauf.
Auch sind die Pflanztröge – ein untrügliches Zeichen pulsierender Urbanität – in der Kaisertraße mit feinstem Zierblech ummantelt. In ihnen befinden sich nur Schachteln exquisitester Zigarettenmarken und die leeren Blechdosen feinster Weltbrauereien.
Vorgesehen ist außerdem, daß sich in der Rue du Kaiser nur reinrassige Windspiele, Zierpudel und der Kontinentale Zwergspaniel bewegen und als Pflastermaler in der Kunstrichtung Exkrementismus ausdrücken dürfen. Die Amtssprache in der Kaisergracht ist jenes vertrauliche Stromliniendeutsch Düsseldorfer Prägung (Tschüssilein, Bussilein), das wir etwa in Laufamholz, Gostenhof oder links und rechts der Gibitzenhofstraße so schmerzlich vermissen.
Das Weltstadt-Flair in der Kaiserstraße findet, wie schon mehrfach berichtet, täglich von 9 bis 18.00 Uhr statt. Donnerstags sogar bis 20.30 Uhr. Es ist teilweise schon so fortgeschritten, daß wir uns beim Durchflanieren manchmal in Frankfurt, Hamburg, Berlin oder gar in München wähnen. Wem es hier nicht paßt, kann die U-Bahn nach Fürth nehmen. Oder das Bussilein nach Burgfarrnbach. Nach einem handgelöteten Düpong-Feuerzeug mit integrierter Präzisions-Arroganz wird er dort allerdings genauso vergeblich suchen wie nach einer monatlichen Ladenmiete von ungefähr 40 000 Mark.

Aus der Welt der schweren Beleidigungen:

Die kurzweiligste Stadt der Welt

Immer noch irren städtische Würdenträger trostlos durch die Gassen. Kammerpräsidenten möchten sich aus dem Fenster stürzen, hohe Politiker sind über Nacht vor Gram vollkommen haltlose Quartalsäufer geworden. Der schwerste Schlag, der die Stadt seit der großen Ameisenplage im Jahr 1241 heimgesucht hat, ist noch lange nicht verwunden. Nürnberg, eines der größten Kleinode aller Zeiten, soll die langweiligste Stadt Deutschlands sein!

Diese Weltstadtbeschmutzung übelster Machart weisen wir hiermit entschieden und an und für sich zurück. Scheints ist diesen Verleumdern aus dem süddänischen Hamburg entgangen, daß hier in Gestalt unendlicher Pflaster-Oasen, zahlreicher sprudelnder Brünnlein, einer hervorragenden allgemeinen Romantik und dem bis weit über Großhabersdorf hinaus berühmten Männleinlaufen eine Urbanität sondersgleichen herrscht.

Auch haben wir um uns herum zahlreiche Autobahnen mit ihrem ständigen Summen, Brummen und Knattern, wo die Herrschaften aus Hamburg nicht einmal davon träumen möchten. Auf diesen erhabenen Autobahnen künden holländische, französische, belgische, Fürther und Weißenburger

Autonummern ohne Unterlaß vom internationalen Flär unserer schönen Weltstadt. Am Hauptmarkt gibt es Bananen und Kiwi aus aller Herren Länder. In Zigarettenautomaten finden wir die Luggi Schdriege aus Amerika ebenso wie die Gauleuses aus Frankreich. Infolge unserer Toleranz, deren Restposten wir auch am Parteitagsgelände besichtigen können, raucht mancher Nürnberger sogar die aus Hamburg stammende HB. Daß hier sich keinerlei Langeweile ausbreitet, ist am besten in unserer Fußgängerzone zu beobachten. Dort flaniert man abends beschwingt durch die zauberhafte Ziddy und ist bis aufs äußerste gespannt, ob vielleicht am Duda-Eck unversehens noch ein weiterer Passant schemenhaft auftaucht.
Ganz zu schweigen von unserer Architektur, in der in langen, durchzechten Nächten die Epoche der Quadratik erschaffen worden ist. Die Zeugen dieser einmaligen, rechteckigen Baukunst finden wir inzwischen nicht nur in Eibach, Gebersdorf oder auf den Prachtboulevards von Steinbühl. Begierig haben nämlich die Erbauer von Wohn-Containern diese großartige Idee des rechten Winkels aufgegriffen. Auf der ganzen Welt, wo es bewohnbare Rechtecke gibt, künden diese filigranen Schachteln vom Ruhme Nürnberger Baumeister.
Auch haben wir Kunst und Kultur, soweit das Auge reicht. Wir sagen nur: Pflanztröge, Pflastermaler, Pfaschingsprinz. Die Strickliesel ist hier im Mittelalter erfunden worden, das Taschen-Bidet und der Hase von Dürer. Um unsere Tauben beneidet uns sogar Venedig.
Nachts schließlich erstrahlt der Plärrer in all seiner majestätischen Pracht, schwebt gar ein Motorflugzeug wie von Geisterhand gelenkt über dem Ziegelsteiner Airport ein und gießt sich ein Stadtrat vor lauter Lebensfreude im Bratwursthäusle bereits sein zwölftes Hefeweizen hinter die Binde. Alles andere als langweilig wird es, wenn das Wochenende naht. Dann halten wir es vor lauter Spannung schon nicht mehr aus, wie hoch heute der Club verliert.
Wir könnten noch stundenlang interessante Nürnberger Errungenschaften aufzählen. Aber wir möchten es für diesmal damit belassen. Nicht daß dem städtischen Amt für Image-Pflege, das sich jeden Tag über die Vorzüge Nürnbergs die Finger wund schreibt, der Stoff ausgeht.

Die Migräne-Austreibung

Vom hinterindischen Handaufleger bis zur charismatischen Teufelsaustreibung unterscheidet der fundamentalistische Fachmann tausende von Heilmethoden, bei denen es jedem herkömmlichen Krankenkassensachbearbeiter die Schuhe auszieht. Nur dem Programmierer Albert D. ist es bisher gelungen, eine überirdische Therapie erfolgreich mit irdischen Auswirkungen zu verbinden. Er ist für seinen paramedizinischen Versuch mit einer Anklage am Amtsgericht geehrt worden.

Ausgangspunkt der Versuchsreihe war ein Migräneanfall der kaufmännischen Angestellten Bettina M., einhergehend mit schweren Verspannungen im Schulterbereich, leichten Depressionen und Herzflimmern. Als diese Bettina während der Kaffeepause im Geschäft von ihrer psychosomatischen Katastrophe berichtete, mischte sich der Programmierer Albert D. in das medizinische Fachgespräch und bemerkte: „Des is doch ibberhabbs ka Broblem. Kenner'S die Meieri vo der Buchhaldung froong. Däi hodd es gleiche g'habd. Und mid meine heilenden Hände woors zeha Minuddn schbeeder wäi wechblousn."

Die Frau Meier hatte die Bettina allerdings nicht nach dem sensationellen Heilungserfolg fragen können, denn die war schon seit drei Jahren in Frührente. Kurz vor Feierabend bat die Bettina auch ohne Referenzen der Frau Meier den Albert, der angeblich eine Ausbildung als Heilpraktiker hat, um den Einsatz seiner heilenden Hände. „In fimbf Minuddn im Sanidädszimmer", sagte der Gostenhofer Geistheiler.

Das Sanitätszimmer hat seinen Namen daher, weil dort in einem Kästchen Heftpflaster und Kopfwehtabletten ruhen. Auch ist es mit einer Campingliege ausgestattet. „Edzer hoggn'S Ihner dou aff die Liege", befahl der Albert in der etwas abgedunkelten Operationsrumpelkammer, „Denner'S Ihnen endschbannen und vielleichd in Bullofer aweng naafschäim. Des wer mer nou glei hoom." Sodann begann der Albert mit leichten Massagen im Rückenbereich.
Während die heilenden Hände von der Schulter weg manchmal auch in andere Bereiche wanderten, stöhnte der Albert: „Glei hommers", „Schbiirsd scho wos?!" Aus den fünf Minuten war fast schon eine halbe Stunde geworden. Plötzlich schrie die Bettina: „Momend amol, des is fei nemmer mei Riggn. Dou vorna hobbi kanne Verschbannungen!"
Mit gepresster Stimme antwortete aus dem Hintergrund der Albert: „Suwos hobbi aa nunni gseeng – der Verschbannungsbungd is dodaal nach vorna gwanderd. Und nach undn aa. Glei hommers. Die Huusn amol aweng aafmachn!" Der Wunsch nach dem Öffnen der Hose bedeutete das Ende der Therapie. Mit den Worten „Dir werri der glei a boor heilende Hände geem! Wildsau, elendiche!" erhielt der Wunderdoktor plötzlich zwei Schelln, und seine Patientin rannte auf und davon.
Dr. Grabsch, Albert D., versuchte die Bettina noch zu beschwichtigen. „Bleim'S dou", schrie er ihr nach. „Des is doch die Ganzheidsmedoode. Dou mou mer hald iiberool hiilanger, sunsd hodds ka Wirkung!" Doch auch die Ganzheitsmethode nützte nichts mehr.
Wegen versuchter betrügerischer Migräneaustreibung und Verwechslung einer Schulterpartie mit dem Brust-Bauchbereich wurde der Albert zu sechs Monaten auf Bewährung und einer Geldbuße von 2400 Mark verurteilt. Als Nachweis für seine angebliche Heilpraktikerausbildung hatte er lediglich einen Erste-Hilfe-Kurs anläßlich seiner Führerscheinprüfung erbringen können.
Nach der Verhandlung zischte die Bettina dem Herrn mit den heilenden Händen noch nach: „Hobbi damals ganz vergessn – edzer schiggi Ihner Ihrn Kranknschein hald mid der Bosd, Herr Doggder Dreegsau."

Der Geheimagent vom Treppenhaus

Neben den vielfältigen Geschmacksrichtungen sind beim Menschen auch die Ohren in ihrer Empfindsamkeit anscheinend völlig verschieden. Während das Geräusch eines Tieffliegers sich in den Ohren eines Generals der Luftwaffe wie liebliche Sphärenmusik ausnimmt, wirkt es vielleicht auf einen luftkämpferisch nicht ausgebildeten, hypersensiblen Spaziergänger im Altmühltal wie ein Urknall oder eine Atombombenexplosion.
Ein ähnliches Problem hat der Privatdozent für Warenkunde Jochen S. im Bereich des heimischen Treppenhauses, das er nach seinen zahlreichen Wirtshausbesuchen immer unter ziemlich lauten Geräuschentwicklungen bis in den vierten Stock erklimmt. Im dritten Stock lebt der Frührentner Manfred M., dem diese verschiedenen Lautmalereien nachts im Treppenhaus schon seit langem ein Dorn im Ohr sind.
Jetzt sind die beiden Herren mit der unterschiedlichen Auf-

fassung über Lärm vor Gericht gestanden: Herr Jochen M. war unter anderem auch wegen versuchter Vernichtung von erdrückendem Beweismaterial angeklagt.
„Wenn der nachts bsuffn die Drebbn naafgfluung is", berichtete der Manfred aus seinen Beobachtungen über den Jochen, „nou hosd gmaand, die Elefandn vom Diergarddn hom Wanderdooch." „Am andern Fräih", fuhr der häufig im Schlaf aufgeschreckte Nachbar fort, „hobbin nou gfroucht, obber in Zukumbf vielleichd aweng leiser durchs Drebbnhaus daumln kennd. Und nou hodder si immer an nix erinnern kenner. Und drum hob iich nocherdla mid meiner Videokamera gärwerd, Herr Richder. Däi nimmd es leisesde Geräusch aaf, und sugoor im Finsdern kommer mid dera filmer."
Immer wenn sich unten im Parterre durch ein zartes Rülpsen, schöne Gesänge und ein leichtes Gepolter der Privatdozent für Warenkunde ankündigte, lauerte im dritten Stock hinter der Tür der Frührentner Manfred M. geheimagentenmäßig mit seiner Videokamera. Mindestens zwei abendfüllende Tonfilme hatte der Manfred durch den Türschlitz schon abgedreht. Mit ihnen wollte er zum Rechtsanwalt gehen.
Am letzten Abend der Observierungen bemerkte aber der Jochen trotz seiner randvollen Abfüllung, daß er anscheinend Hauptdarsteller eines Videofilms ist. „Edzer dou schau her", lallte er in die Kamera vom Manfred, „der Herr Nachber dreht an Film iibers Drebbnhaus!"
Dann zog der Jochen Hose und Unterhose herunter und sagte: „Hald amol vull draff mid deiner Kamera, nou bisd aa affn Film draff, du Oorsch mid Ohrn." Danach ließ der Privatdozent einen dröhnen, daß es im ganzen Treppenhaus noch lang nachhallte, entriß dem Manfred nach zwei leichten Schelln die Videokamera und warf sie in hohem Bogen zum Fenster hinaus.
Wegen Körperverletzung und Sachbeschädigung wurde der chronische Spätheimkehrer Jochen S. zu einer Geldstrafe von 3600 Mark verurteilt. „Geecher des Urdeil", sagte der Zeuge Manfred M., „dou werd Berufung eigleechd. Der mouß Gfängnis gräing. Es Beweismaderial hobbi alles sichergschdelld. Sein naggerdn Oorsch hobbi aff mein Film, und den Bierschieß heerd mer sugoor in Schdereo."

Im Liegewagen nach Fürth

Beim herkömmlichen Bier-, Schnaps- und Weintrinker pflegt die Sehnsucht in der Gurgel meist erst nach Einbruch der Dämmerung auszubrechen. Daß jemand früh um halbzehn voll wie der Mond raupenartig durch die Innenstadt kriecht, kommt selten vor und hängt meistens mit einer Verkettung unglücklicher Umstände zusammen.
Bei den bisher nur als Feierabendtrinker in Erscheinung getretenen Beamtenanwärtern Hans L. und Herbert W. haben sich eine am Vormittag bestandene Prüfung und verschiedene Biere unglücklich verkettet, so daß vor allem der zukünftige Beamte Hans L. sich durch unermüdliches Kriechen schon einmal auf seine Karriere als Oberamtsrat im Dienst der Stadt intensiv vorbereiten hat können. Leider sind diese Vorbereitungen für die Katz gewesen, wie sich jetzt vor dem Amtsgericht herausgestellt hat.
An jenem Feiervormittag hat der Hans die Breite Gasse als mittlere Beamtenkriechbahn gewählt, wo er im Liegen die Lieder „Oh du schöner Westerwald", „Die blauen Dragoner, sie reiten" und „Mein Mutterl is ein Wiener Kind" gesungen, einkaufende Damen mit den Worten „Oh du alte Fuhrmanns-Kundl" begrüßt und einen ahnungslosen Dackel von hinten in den Schwanz gebissen hat. „Also des mäin'S doch eiseeng", entschuldigte sich der angeklagte Beamtenanwärter Herbert W., „dassi mein Kolleeng in den Zuschdand nedd hamm-

grabbln loun hob kenner. Der wohnd in Färdd. Dou hädd der am Bauch Minimum värzza Dooch brauchd."

Angeblich probierte der Herbert den Abtransport seines Freundes aus der Breiten Gasse erst mit den herkömmlichen Mitteln. „Iich hob nern vo vorna aff die Schuldern gnummer", schilderte er diese Bemühungen, „und nou isser mer hindn widder noogrudschd." Durch das dauernde, schraubenartige Hochheben und wieder Hinunterfallen hatten sich die zwei Beamtenanwärter immerhin schon bis in die Karolinenstraße vorgearbeitet.

Dort entdeckte Herbert W. vor einem Geschäft für sündhaft teuere Gartenmöbel einen Mahagoni-Liegestuhl mit Rädern zum Mitnahme-Preis von 1290 Mark. „Dou is ganz grouß Mitnahme draffgschdandn", sagte der Herbert, „also hobbi den Liecheschduhl hald miidgnummer." Zusammen mit einem hilfreichen Passanten wälzte der Herbert den statt singenden jetzt nur noch leise wimmernden Hans auf den Designer-Schubkarrn zu 1290 Mark und fuhr mit ihm in Richtung Weißer Turm.

Erst am Spittlertorgraben wurde der Liegestuhlfahrer von einem Verkäufer des Möbelgeschäftes, der den Verlust des Liegestuhls bemerkt hatte, aufgehalten. Aus dieser Begegnung ergab sich eine kleine Schlägerei, aus der der Herbert trotz verminderter Standfähigkeit eindeutig als Sieger hervorging.

Wie er sich erklärt, fragte der Richter den Herbert, daß sich zu diesem Zeitpunkt niemand auf dem fahrbaren Liegestuhl befunden habe, auch nicht der stark betrunkene Beamtenanwärter Hans L.? „Ja wenn der nimmer draffgleeng is", sagte der Herbert, „nou werder woohrscheins am Weißn Durm in die U-Bahn umgschdieng sei."

Diese Bemerkung verschaffte ihm hohen Respekt beim Gericht in der Strafzumessung, und er wurde wegen Diebstahl und Abwatschens eines Gartenmöbelverkäufers zu vier Monaten ohne Bewährung verurteilt. „Schood derfiir", sagte der Herbert nach dem Urteil, „dassi edzer mid dera Vorschdraaf ka schdäddischer Beamder mehr wern konn. Wall sunsd häddi mi nach der Beförderung in mei neis Amd für Griechschbuurn in der Fußgängerzone eisedzn kenner."

Alkohol ist Gift – Limo auch

Die Alkoholverträglichkeit ist bei Menschen völlig verschieden. Mancher Familienvater nimmt abends beim Fernsehen zwölf oder fünfzehn Bier zu sich und schmeißt höchstens einmal den Hausschlappen auf den Bildschirm, wenn dort der Club-Präsident oder sonst eine ihm nicht genehme Person auftaucht. Sonst schlummert er friedlich. Andere wiederum erinnern uns schon nach zwei Schnäpsen an einen wildgewordenen Derwisch, wenn er plötzlich Tische abräumt, Biergläser und Fenster zertrümmert und fremde Personen abwatscht. Ohne Schnaps hätte dieser Derwisch kein Wässerchen trüben können.
Der einundsiebzigjährige Rentner Friedrich D. hat ursprünglich zu einer dritten Sorte gehört, denn es ist ihm während seines langen Lebens noch nie ein Tropfen Alkohol über die Lippen gekommen. Der einsame Herr hat seine Enthaltsamkeit jetzt vor dem Amtsgericht büßen sollen.
Er ist jeden Freitag in einem Innenstadt-Gasthaus erschienen, hat fünf Limo getrunken und sich dabei ganz leis mit sich selber unterhalten. Manchmal hat man an den Nebentischen einige Sätze von ihm aufschnappen können wie „Führen Sie ein gottgefälliges Leben, mein Herr!?" oder „Es steht schon in der Bibel – Alkohol ist Gift für Körper und Seele!" Auch Nikotin und Frauen sind für diesen mustergültigen Friedrich D. tabu gewesen.
An einem Freitag abend im Herbst hat der Stammgast Georg K. beschlossen, daß er dem Friedrich seinen Pfad der Tugend

mit einigen Zwetschgenschnäpsen pflastert. „Iich hob nern", sagte der Georg als Zeuge vor Gericht, „vo der Bedienung an Zwedschger hiischdelln loun und hob zu ihn gsachd 'A Bresdla, Herr Nachber'. Und nou hodder den Schnaps wordlos widder zrigg gäih loun." Daraufhin hat der Georg mit Absprache der Bedienung dem Friedrich einen doppelten Schnaps in die Limo geschüttet. Und in die nächste Limo drei Schnäpse.
Nach dem Genuß der stark verbesserten Limonade hat sich das Gesicht des frommen Antialkoholikers aufgehellt und er hat laut zu sich selber gesagt: „Die Bibel is Gift, meine Herrn! Nur einen aufrichtigen Limo-Trinker hat Gott lieb." In der nächsten Limo waren vier Zwetschgenschnäpse. So war es kein Wunder, daß der Friedrich erst gesungen hat „Horch, was kommt von draußen rein, werd doch nedd ein Oorschluuch sein" und dann die Bedienung angebrüllt hat: „Nu a Limo, alde Sumbfhenner, alde! Obber aweng schneller wäi sunsd. Däi leffd ja noo wäi Weihwasser!"
Der Schnaps hat bei ihm aber nicht nur eine Wandlung vom Hochdeutschen in den Dialekt bewirkt. Bei dem Wort „alde Sumbfhenner" hat der gottgefällige Rentner der Bedienung unter den Rock gelangt. Nach der dritten und letzten Limo, diesmal mit vier Schnäpsen angereichert, hat er einem fremden Herrn die Zigarette aus dem Mund gerissen und weitergeraucht, sich auf den Tisch gestellt und geschrien: „Ihr Oorschlecher! Wennder nedd an mein lieben Gott glabbd, nou haui Eich gscheid aff die Waffl naaf. Algerhol is Gifd." Dann ist er von Tisch zu Tisch gegangen und hat alle Bier- und Weingläser abgeräumt. Einige hat er durchs Fenster geschmissen. Nach einem letzten Griff in den Ausschnitt der Bedienung ist er bewußtlos umgefallen. Seine letzten Worte an diesem Abend waren: „A Rundn Limo fiir alle! Und die Kellneri zäichd si serfordd naggerd aus."
Er konnte sich vor Gericht an nichts mehr erinnern. Auch nicht daran, wie er die drei Kilometer nach Lichtenhof heimgekrochen ist und dabei einem Taxifahrer eine Schelln verabreicht hat. Wegen vollkommener Unzurechnungsfähigkeit ist Herr Friedrich D. freigesprochen worden. Auf Georg K. wartet ein Verfahren wegen unerlaubter Mischung von Schnaps und Limo.

Aus der Welt der Literatur:

Die Botschaft auf der Unterhose

Es ist noch nicht so lange her, da hat der Mensch in seinen Mußestunden am Abort Bücher gelesen, Zeitungen oder die schönen Buntprospekte von Möbel-Krügel. Auch die Weinlese in Unterfranken war auf dem allgemeinen Lesegebiet ein sehr angenehmes Kapitel. Beim Kauf eines sogenannten Schwerd-Schörd oder auch Unterhemmerd haben wir dieser Tage aber erfahren, daß sich die Lesegewohnheiten derzeit im Umbruch befinden.

Auf diesem Hemd sind verschiedene Botschaften gestanden: I am the Greatest, Winner of Olympic Gold medal Los Angeles, Member of Riesenrammler-Club, um nur einige zu nennen. Wir sind in dieses Sweat-Shirt eine halbe Stunde lang versunken gewesen, bis wir es zu Ende gelesen haben. Hemd und Buch in einem für nur 148 Mark!

Aber auch bei allen anderen Kleidungsstücken findet man nur noch ganz selten unbedruckte Exemplare. Bald werden wir auf der Frankfurter Buchmesse vielleicht mit 400seitigen langen Unterhosen aus dem Rowohlt-Verlag konfrontiert oder mit der Biographie von Peter Handke auf Wollsocken. Schon steht auf Adventure-Jäcklein neben dem Hinweis, daß Mountain-Skiing insgesamt ein Hammer ist, noch eine kleine Kurzgeschichte aus den Schweizer Bergen.

Ein Herr hat neulich bei einem Stehempfang seinen Namen in großen Lettern auf dem Mohair-Sakko einweben lassen, und es hat jeder gewußt, daß es sich bei ihm um einen gewissen Hugo Boss handelt. Insgesamt waren auf diesem Stehempfang noch siebzehn weitere Hugo Boss anwesend, drei Herren namens Rosner, vier Willy Bogner und ein Herr Benetton.

Die lesbaren Jacken sind vor allem auch früh in der U-Bahn sehr angenehm, wo man zwischen Jakobinenstraße und Aufseßplatz ein Viertelstündchen auf dem Buckel seines Nachbarn lesen und seine Englischkenntnisse wieder ein wenig aufbrushen kann. Wir erblicken dort die Aufschriften „This is a Sisley – no other way of clothing", „Hawaian Surfing better than flying", oder man teilt uns die Anschrift der Firma Harley Davidson mit, vom Hals bis fast zum Hintern hinunter, nämlich Harley Davidson Motor Co. Milwaukee 1, Wisconsin, USA. Falls man einmal einen Brief dorthin schicken will. Wer sich das Briefschreiben sparen möchte, kann eine der neuartigen Mitteilungspullover senden.

Die Aufschriften „Ich bin heute geil", „Meine Lunge gehört mir" oder „Jesus, ich folge dir bis ans Ende aller Tage" finden wir außer auf Schörds aller Art auch auf Hüfthaltern, Body-Stockings, Schuhen, Hosen, Westen, Pullovern, Hüten. Wer in seinem Konfektionsbekleidungsgeschäft irgendwas ohne Lesestoff drauf verlangt, erregt natürlich den Verdacht, daß er ein Analphabet ist, und wird als Depp abgestempelt.

Neulich hat ein Herr eine jüngere Dame in der Dämmerung durch die Fürther Straße verfolgt bis in die Veit-Stoß-Anlage. Immer im Abstand von höchstens 10 Zentimetern, daß die Frau den Hauch ihres Verfolgers im Nacken spürte. Bei der Polizei hat dieser Herr angegeben, daß er lediglich die auf der Lederjacke abgedruckte Geschichte „Der Wolf und die 7 Geißlein" zu Ende lesen hat wollen. Und nur deswegen immer gewinselt hat „Bleim'S hald amol schdäih, Frollein!"

Von dem Wunsch, sich auf Kleidern literarisch auszudrücken, wissen wir schon aus ganz frühen Zeiten. Bereits damals sind Unterhosen an einigen Stellen mit mysteriösen, braunen Runen beschriftet gwesen. Aber auf der Innenseite. Nach dem Waschen waren sie wieder verschwunden. Was man von den heutigen Inschriften leider nicht sagen kann.

Aus der Welt der Sicherheit:

Der Marshall von Gostenhof City

Man hat schon bangen müssen, daß der neue, großartige, bahnbrechende Gesetzentwurf zur inneren Sicherheit von einigen Blödmännern im Parlament wieder zu Fall gebracht wird. Aber wir können aufatmen und nachts um drei Uhr wieder vollkommen unbehelligt im Kinderwagen durch Eibach, Moorenbrunn oder Schweinau flanieren. Denn das Innenministerium hat nicht gerastet und geruht, bis der historische Entschluß gefaßt war: Nach bewährtem Vorbild der bekanntlich äußerst ruhigen dreißiger Jahre erhalten wir endlich wieder einen Stadtviertelwart, der über uns wacht.
In der Stadt Nürnberg werden bald zwölf zivile Herren mit einer Armbinde als Uniform für Sicherheit und Ordnung sorgen. Viele Kapitalverbrechen, Steuerhinterziehungen, Bestechungen und politische Skandale aller Art werden durch diese zwölf Schlappensheriffs im Keim erstickt.
Wir erinnern uns zum Beispiel mit Schauern an ein ungesühntes städtisches Verbrechen, wo ein Herr Gerhard S. in einer Winternacht 1984 von der Karlsbrücke herab mit dem Überdruckstrahl von neun Schoppen Volkacher Ratsherr in das Eis der Pegnitz die Worte „Nieder mit den Politikergehältern!" eingraviert hat. Eine Sicherheitswacht damals am rechten Ort, zur rechten Zeit hätte diesen politischen Rufmord verhindert und unter die heraushängende Tatwaffe einfach einen Eimer gehalten.
Andere präventive Maßnahmen der neuen Miliz wären das Lauschen an Wohnungswänden, ob dahinter eventuell ein heterokonfessioneller Beischlaf oder andere Sexualverbrechen geplant werden, das Patroullieren in Hinterhöfen und Trep-

penhäusern. Der Sicherheitswachtel soll seine Ohren überall haben.
Er wird an den Theken der Vorstadtswirtshäuser lauschen, bis er aus den Worten seines Nebenmannes etwas Verdächtiges heraushört. Etwa ein abgehacktes Worchen und Aufstoßen, das der verdeckte Ermittler sogleich als Morsemitteilung an einem Komplicen entlarvt. Vielfältige Aufgaben warten auf den tapferen Randstein-Kommissar. Da klappert eine Dachrinne, dort wird ein Iltis vergewaltigt, im Schutz der Nacht rotten sich vielleicht einige halblinks orientierte Stadträte zusammen. Haarschnitte harren der zweckdienlichen Überprüfung, jemand läßt das Licht zu lang brennen oder ballt gar in der Hosentasche seine Faust gegen die Staatsregierung. Hundehäufchen am Gehsteig müssen auf Länge, Breite, Höhe vermessen und bei Überschreiten des zulässigen Gesamtvolumens entfernt werden.
Wie John Wayne schreitet der Marshall von Gostenhof City mit blankgeputzter Armbinde durch die Vorstadt. Keine Grillparty, keine Ruhestörung entgeht ihm. Er verbreitet ein tiefes Sicherheitsgefühl in der zur Zeit noch in Angst und Schrecken lebenden Bevölkerung. Ehe der Stadtsicherheitsmann voll aufgerüstet wird, muß er sich nach Angaben des Sicherheitsministeriums in der Erprobungsphase noch mit Wasserspritzpistole, Eierbrikett und Knetgummiknüppel begnügen. Miethaie, Rauschgiftdealer, Großbetrüger, Bankotteure, Schläger, Zuhälter zittern jetzt schon davor, wenn bald ein vereidigter, in drei Tagen sorgfältigst ausgebildeter, 78jähriger Nebenerwerbsfahnder vor sie tritt und mit stählerner Stimme zu ihnen spricht: „Dou mer nix, iich dou der aa nix."
Auch lärmende Kinder werden dann endlich die volle Härte des Gesetzes verspüren. Für die Ganoven dieser Stadt gibt es kein Entrinnen mehr. Schluß ist es mit dem Spucken auf den Fußboden, dem Betasten der Lebensmittel und dem Mitbringen von Hunden. Keiner wird es mehr wagen, bei Rot eine Straße zu überqueren, nach 22 Uhr vaterlandslose Lieder zu pfeifen oder beim Besuch eines politischen Führers in der Stadt zu johlen. Nach dem Sicherheitsgurt jetzt endlich auch das Inkrafttreten der Sicherheitswacht. Danke, Herr Sicherheitsminister.

Vorübergehende Niederschläge

Seit der Domestizierung des Steppenwolfes vor wahrscheinlich Hunderttausenden von Jahren ist die Menschheit in zwei Lager gespalten, in Hundefreunde und Hundefeinde. An der Hundeproblematik sind schon Freundschaften zerbrochen, Ehen geschieden worden, und es haben sich unbekannte Kommunalpolitiker durch flammende Reden für oder gegen Hundehäufchen auf Gehsteigen zu hohen und höchsten Würdenträgern auf Bundesebene aufschwingen können.
Frau Gerda P. und Herr Andreas U., zwei erbitterte Gegenpole in der Frage „Hundenotdurft im Freien – ja oder nein?" sind zunächst auf der Deutschherrnnwiese aufeinandergeprallt und jetzt vor Gericht. Vor Eröffnung der Verhandlung hat Gerda P., Besitzerin eines zarten, hundertfünfzig Pfund schweren Neupfundländers, schon ahnen lassen, daß die Fronten etwas verhärtet sind, wie sie gesagt hat: „Wenn der Lackaff dou nedd wass, wäi mer si einer Dame geengiiber benehmer doud, nou kemmer glei widder gäih, in einen Zimmer mid den Driefl halds iich nedd aus."
Der Hundenotdurftprozeß fand dann aber doch in einem gemeinsamen Raum statt, unter gebührender Distanz der zwei Hauptdarsteller. Daß sie sich nicht gegenseitig beißen.
An einem schönen Herbsttag hatte die Gerda ihren Neufundländer namens Rudi frei über die Deutschherrnwiese laufen

lassen. Den Rudi hat aber nicht die Deutschherrnwiese interessiert, sondern der auf einer Bank Zeitung lesende Andreas. Er hat ihm am Bein herumgeschnüffelt. „Denner'S sofordd des Viech dou widder oobindn", hat der Andreas geschrien, „der Dreegbär hodd mei Huusn verunreinichd. Dou konni mi glei zu die Wildsai in Diergarddn zon Zeidungleesn neihoggn!" „Ba die Wildsai in Diergarddn", entgegnete die Gerda, „dou wäärn Sie a vill besser aafg'huum." Und sprach zu ihrem Hund: „Gäih her zu mir Rudi, der Aff mooch kanne Hund."

Der Neufundländer Rudi verspürte aber einen undefinierbaren Drang zu seinem Feind, umrundete den Andreas mehrfach mit wedelndem Schwanz und hob sodann nur einige Zentimeter weg von ihm sein Hinterbein. „Edz brunsd mi däi Sau aa nu oo!" schrie er in höchster Not und sprang aus Angst vor einer drohenden Überflutung auf die Parkbank. Von dort oben herab schleuderte er auf Frau Gerda P. die Worte Dreegsulln, Zumpfl, Schlambn, Zehnerlas-Schnalln und Wildsaudompteurin und befahl noch einmal, daß sie ihre vierbeinige Sprinkleranlage namens Rudi sofort abstellen soll.

Drohend näherte sich die Gerda der Bank, bestieg sie und fragte Herrn Andreas U.: „Iich mecherd nedd wissn, wo Sie Oberdreegsau hiischiffn, wenn'S nachds bsuffn bis iibern Oorsch noo ausn Werdshaus rausgfluung kummer!? Woohrscheins in die Huusn!" Sodann schlüpfte die Gerda aus ihrem Slip, lüpfte etwas den Rock und verrichtete ihre Notdurft auf der Bank. „Sooderla", sagte die Gerda, wie sie fertig war, „des hädd mer Rudi. Der Doldi hoggd si aff däi Bank nimmer her. Vor den hommer unser Rouh." „Und suwos", sagt der Andreas jetzt vor Gericht, „derf ba uns nu frei rumlaafn."

Der Amtsrichter stellte aber das Verfahren gegen die Gerda wegen unzüchtiger Gesten und Gießens einer Parkbank ein. Die gegenseitigen Beleidigungen, meinte das Gericht, hätten sich im großen und ganzen die Waage gehalten. „Eine Ungerechdichkeid sondersgleichn", schimpfte der Andreas nach dem Richterspruch, „erschd bingld mi dera ihr Grizzlybär oo und nou schwemmd mi däi Brunskunni halmi wech. Es nexd mool werri zum Schbazierngäih aff die Bengerzwiesn woohrscheins Schwimmflücherla oozäing mäin."

HAIMENDORFER STR. 51
INDUSTRIEGEBIET
D-90571 SCHWAIG
BEI NÜRNBERG
TELEFON: (09 11) 50 00 13
TELEFAX: (09 11) 50 00 15
REINER
ROHRE
INTERNATIONAL
MANFRED REINER
RÖHREN- UND STAHLHANDEL GMBH

Die schönste Weihnachtsfeier aller Zeiten

Eine Firmenweihnachtsfeier beginnt meistens mit einer Rede des Geschäftsinhabers, die von den schweren wirtschaftlichen Zeiten momentan handelt, enthält im Mittelteil ein kaltes Buffet und endet spät nachts unter einem vor umherfliegenden belegten Brötchen und Sektfontänen schützenden Schreibtisch mit dem bekannten fränkischen Weihnachtslied „Haid gemmer widder goornedd ham, hoggd a schwarzz Ding dahamm, schaud wäi der Deifl aus, drau mi nedd nach Haus."

Im Fall der Weihnachtsfeier der Firma des Pförtners Heinz N. ist noch vor der allgemeinen weihnachtlichen Verbrüderung und Verschwesterung unter allen Schreibtischen eine weitere, völlig neue Begebenheit dazugekommen, und es hat statt mit dem Schütteln und Öffnen von Sektflaschen und dem Herumschmeißen von Bratwürsten und Kartoffelsalat auf dem Amtsgericht geendet.

Heinz N. war an diesem Betriebsfest beauftragt, einen Glühwein für die Belegschaft herzustellen. Wegen der Rezession, die der Firmeninhaber Werner A. ausführlich in seiner vorweihnachtlichen Rede besprochen hat, sind auf einen Mitarbeiter gerade zwei kleine Glas Punsch gekommen. „Des is ja lächerlich", sagte der Heinz beim Aufkochen des Warmgetränks, „weecher dera Scheiß Rezession a Weihnachdsfeier,

wou mer nedd bsuffn werd! Wäi soll mern dou in Aldn sei feierliche Red aushaldn?"
Auf eigene Kosten mischte der Heinz drei Flaschen Korn in den Glühwein und schmeckte den schweren Cocktail in reichlichem Maß ab. Nur so konnte man es sich erklären, daß der sonst eher in sich gekehrte Pförtner die ersten Worte des Chefs „Liebe Mitarbeiterinnen und Mitarbeiter" mit den innigen Worten unterbrach „Gäih ham Alder, häsd aweng dei Maul g'haldn". Aus der wie erstarrt harrenden Riege der nach oben strebenden Kollegen in der ersten Reihe vernahm man ein mehrfaches „Ruhe dahinten!" und „Pssst, der Chef spricht". Was der Heinz von hinten mit den Worten quittierte: „Wos is lous? Der Scheff brichd?! Nou soller gfälligsd am Abodd naus."
Als Herr Werner A. in seiner Weihnachtsrede den Problemkreis Rezession behandelte und die vollkommen neuen Worte prägte „Wir alle müssen den Gürtel enger schnallen", hörte man von hinten die Bemerkung „Nou kaafi mer hald Huuserdräächer". Auf Anordnung vom Juniorchef wurde Heinz N. dann nach kurzem Anstimmen des Liedes „Mir verkaufn unsern Aldn sein Ferrari" vor die Tür gebracht.
Unglücklicherweise ist dort draußen ein Adventskranz auf einem Schreibtisch gestanden. Kurz vor Ende der feierlichen Ansprache ist Heinz N. wieder ins Casino hineingetaumelt, hat seinem Chef den Adventskranz über den Kopf gestülpt, eine Kerze entzündet und gesungen „Abfend, Abfend, ein Lichdlein brennd. Erschd anns, dann zwaa, dann drei, dann vier, noch ein Seidlein drinken mir." Zum angekündigten Trinken eines weiteren Seidlein Glühwein ist es aber nicht mehr gekommen, sondern es ist eine Polizeistreife erschienen, die den Heinz vorläufig festgenommen hat.
Er ist fristlos gekündigt und jetzt wegen Mißbrauch eines Adventskranzes als Kopfbedeckung und Körperverletzung zu einer Geldstrafe von 2000 Mark verurteilt worden. „Gwissd hobbi fei ibberhabbs nix mehr", sagte der Heinz nach der Verhandlung zu den im Gerichtssaal anwesenden Kollegen, „obber wenn des alles schdimmd, wos iich gsachd und gmachd und gsunger hoom soll, nou is es die schennsde Weihnachdsfeier aller Zeidn gween."

Die Folgen eines Karpfenessens

Immer wird vermutet, daß die Anschnallpflicht im Auto ihren tieferen Sinn in der Erhebung von 40 Mark Bußgeld bei Nichtbefolgung hat. Durch den tragischen Fall des Hausmeisters Ludwig K. ist der Sicherheitsgurt jetzt aber in ein ganz anderes Licht gerückt worden.
Dieser Ludwig hat in einer Nacht von Freitag auf Samstag während der Fahrt in die östliche Vorstadt plötzlich sein Auto verloren. Er hat sich jetzt vor dem Amtsgericht an fast keine Einzelheiten mehr erinnern können. Nur noch daran, daß er seiner Meinung nach keinen Tropfen Alkohol getrunken hatte. Die damals auf geheimnisvolle Weise im Ludwig befindlichen 2,6 Promille sollen vom Abendessen im Wirtshaus, einem Karpfen Blau in Weißweinsud, hergerührt haben. Und einigen Probierfläschlein Magenbitter, die nach der festen Überzeugung vom Ludwig kein Alkohol sind, sondern ein nachbeugendes Heilmittel gegen Völlegefühl.
„Der Karbfn", wußte der Angeklagte noch schwach, „is suwos von fedd gween, Herr Richder, dassi gmaand hob, mir hodd der Koch ausverseeng a Schbeggschwarddn mid Flossn affn Deller draff dou. Und drum is mer nou im Audo aa suu arch schlechd worn. Iich verdrooch nemli nix Fedds."
Daß der an schwerer Karpfenvergiftung leidende Hausmeister während seiner Heimfahrt tatsächlich im Auto gesessen war, ist für einen hinter dem Ludwig fahrenden Zeugen zunächst nicht zu erkennen gewesen. „In den Audo vuur mir", sagte

dieser Zeuge, „hodd mer niemand hoggn seeng. Iich hobb zeerschd gmaand, der is ferngschdeuerd. Obber aff aamol is während der Fahrd langsam die Diir aafganger, und es is dauernd wos aff die Schdrass noogschbridzd. A ganz schäine Bozzion vull aff mei Windschudzscheim draff, dassi ball nix mehr gseeng hob."
Wenn dieser Herr die Spritzer auf der Windschutzscheibe in der städtischen Lebensmitteluntersuchungsanstalt auf ihre Bestandteile hin erforschen hätte lassen, wäre ihm wahrscheinlich mitgeteilt worden: Karpfen, Kartoffelsalat, Endiviensalat, Weißweinsud, Sechsämtertropfen, alles halb verdaut und gut durchgemischt. Der Ludwig hat nämlich damals während der Fahrt die Tür geöffnet, sich ein bißchen nach unten rutschen lassen und mit einem hirschartigen Röhren seinen Magen erleichtert.
Mit einer Hand hat er sich während seiner akrobatischen Nachtnummer am Lenkrad festgehalten. „Und aff aamol", erinnerte sich der Zeuge, „is die Audodiir anner Verkehrsschild hiibadschd. Die Diir mouß den Moo nocherdla während in Schbeier gscheid am Kubf naafg'haud hoom, und nou isser ausn Audo raus aff die Schdrass hiigfluung. Es Audo is a Schdiggla allaans weidergfoohrn, rechds abbuung und inner Hofeinfahrd neibredderd."
Wie dieser Herr dem auf der Straße liegenden Ludwig zu Hilfe geeilt ist und ihn gefragt hat, ob ihm was fehlt, hat der mit schwerer Stimme geantwortet: „Ja, iich glaab, mir fehld mei Audo. Dou binni doch grood nu drinner g'hoggd." Mit angeschnalltem Sicherheitsgurt wäre dem Hausmeister Ludwig K. dieses Mißgeschick nicht passiert.
Wegen Trunkenheit im Straßenverkehr, sich Übergeben und Abspringen während der Fahrt, ist der Ludwig zu vierzehn Monaten Führerscheinentzug und einer Geldstrafe von 8000 Mark verurteilt worden. „Wenni Ihner an goudn Raad geem derf", sagte der Zeuge danach zum Ludwig, „lassn'S es nexde mool, wenn's Ihner widder schlechd werd, die Händ vom Lenker wech. Nou fährd es Audo schäi groodaus weider die Osdendschdrass naus bis hamm. Und die Bolli häddn ibberhabbs nix gmergd, daß Sie bsuffn ausern Audo nausgfluung sin."

Ein schwer ertragbares Telefon

Viele Jungmanager lieben schon lange nicht mehr die Einsamkeit ihres Elfenbein-Penthauses, wo sie ihre Millionengeschäfte ohne Publikum, ohne Beifall, ohne ehrfürchtiges Staunen durchpeitschen müssen. Der Miethai von Welt oder von Schnepfenreuth schreitet heutzutage mit seinem Notebook (früher Kalender), Lap-Top (früher Kugelschreiber) und dem Handy (früher Telefon) ins Restaurant und erledigt dort sein tägliches Business. Nur der Wanderkaufmann Siegfried A. wird seine Büroarbeit in Zukunft nicht mehr wie bisher im Wirtshaus durchführen.
Dieser vornehme Herr, der hauptberuflich bessere Besenkammern entkernt und in Eigenkapital verwandelt, hat in seiner Bürofiliale ein geschwollenes Auge und zwei abgebrochene Zähne erlitten und sein tragbares Telefon eingebüßt. Der Mißbrauch eines Wohnungshändlers im Außendienst ist jetzt vor dem Amtsgericht verhandelt worden.
Angeklagt war ein Herr Ernst M., der eine völlig antiquierte und falsche Auffassung von der Funktion eines öffentlichen Gasthauses hat. Er ist damals knapp hinter dem Siegfried im Wirtshaus gesessen, hat vier, fünf Bonsaibiere getrunken, Fliegen am Tisch eingefangt und seine Ruhe haben wollen. Mitten in die trügerische Beschaulichkeit hinein hat es hinter

ihm plötzlich gebrüllt: „Der Gwadraadmeeder kosd sechsdausnd Mark und kann Bfenning wenicher, Dunnerkeil numol nei! Wenn der Sandler maand, er kann mid mir es handln oofanger, nou konner anne aff die Waffl hoom!"
Es war der Siegfried, der seiner Sekretärin über das tragbare Funktelefon einige sanfte Direktiven für Verkaufsgespräche von fünftklassigen Wohnungen durchgegeben hat. Der Ernst nahm einen Schluck aus seinem Reagenzgläschen Bier und sagte: „Äih Alder, wenns gäid aweng leiser! Ba den Gschrei fälld mer der Schaum in mein Bier zamm." Diese Bemerkung muß dem Siegfried entgangen sein, denn er schrie noch in den Protest des Nachbarn in sein Telefon hinein: „Edz soochis numol – der Aff soll si nedd aafblousn. Sunsd gräichder schdadds anner Wohnung anne aff die Nuß!"
Es reihte sich dann Mißverständnis an Mißverständnis. „Wenn iich a Aff bin", schrie der Ernst, der überhaupt nicht gemeint war, zurück, „dann bisd du a Huusnbrunser! Und wer vo uns zwaa anne aff die Nuß gräichd, des wer mer edzer glei seeng!"
Ein letztes Mal plärrte Herr Siegfried A. in sein tragbares Funktelefon hinein, daß man auch die Zinsentwicklung berücksichtigen muß, daß 25 Quadratmeter praktisch eine Fläche wie die Meistersingerhalle und für lumpige 150 000 Mark geschenkt sind. „Simmer edzer", fragte der Ernst, „innern Werzhaus odder innern Dellefonhaisla!?"
Dann fragte er nichts mehr und haute dem Siegfried das tragbare Telefon mit einem Handkantenschlag mitten in den Mund hinein, riß es ihm sofort wieder heraus und prellte die kostbare Errungenschaft von der Firma Telekom (früher Post) in den Siegfried sein Mittagessen, bestehend aus Tagliatelle Prosciutto (früher Schinkennudeln), voll hinein, wo sich dann Nudeln, Schinken, Knoblauchsoße und Plastiksplitter eines Handy-Phones vereinigten.
Wegen Körperverletzung und unerlaubten Beendens eines Telefongesprächs wurde Ernst M. zu einer Geldstrafe von 3400 Mark verurteilt. Völlig ungerührt sagte der Ernst danach zu Herrn Siegfried A.: „Wenni Diich Windhund widder im Werzhaus bam Dellefoniern derwisch, gibds numol wos aff die Waffl. Suu lang, bisd wassd, daß außer einen draachbaren auch ein eßbares Dellefon gibd."

Aus der Welt des Sports:

Der Club jetzt auch als Abortdeckel

In den uralten Zeiten des örtlichen Querpaßwesens hat ein Randstein-Linksaußen aus der Vorstadt als Beleg für seine glühende Liebe zum Club lediglich das Herz vorweisen können. Falls er diese Zuneigung zu den Herren Morlock, Schober, Hilpert & Co. noch deutlicher zeigen hat wollen, ist er mit einem von der Mutter rot eingesticktem 1.FCN-Bettlaken und dem einem Perpetuum mobile ähnelndem Satz auf den Lippen „Glubb vor, noch ein Dor!" nach Zerzabelshof getippelt.
Glücklicherweise ist aber auch im Fußball die Zeit nicht in Zabo-Mitte stehen geblieben, und es wird heute die Bettlaken stickende Mutter von einem Fan-Shop ersetzt. Dort gibt es allerlei sinnvolle Gegenstände, die man für seine Liebe zum 1. FC Nürnberg unbedingt braucht. Wir finden dort Club-Kaffeetassen, Club-Kopfkissen, Club-Handtücher, ein FC Bayern-Klopapier, Club-Schals, Club-Socken, Club-Mützen, Club-Puppen, die Club sagen können, und die Club-Bläbberla in allen Größen.

Gemäß der Vereinbarungen der Genfer Konvention schreitet der Club-Fan von heute stets uniformiert ins Stadion, so daß ihn die UNO jederzeit von den Truppen aus Köln, Hamburg oder Kaiserslautern unterscheiden kann. Einkleidung und Grundausbildung übernimmt ebenfalls der Fan-Shop.
Der Fan-Scharführer hebt sich vom gemeinen Fan durch eine Club-Trompete ab, durch eine etwa aus drei Promille bestehende Club-Fahne und dem Club-Abzeichen mit der wieder modern werdenden Runen-Aufschrift „1. FCN Deutschlands Elitetruppe" oder „1. FCN die Macht in Deutschland".
Diese Macht in Deutschland hat sich erst letzten Freitag wieder bewahrheitet, wo Deutschlands Elitetruppe in Hamburg durch einen unberechtigten Elfmeter knapp mit 2:5 verloren hat. Von der völkerverbindenden Arbeit des Fan-Shops künden auch die Aufkleber „Wir sind die Macht, die alles niedermacht" und „1. FC Nürnberg – The Bayern-Killer".
Da ein Club-Fan immer im Dienst ist, führt das Club-Arsenal auch Club-Spielkarten, Club-Blinklichter, Club-Feuerzeuge und Club-Präservative. Mehr künstlerisch orientierte Fußballfreunde kommen ebenfalls auf ihre Kosten, wenn sie sich eine der zahlreichen Club-Lieder oder den farbigen Andreas-Köpke-Porzellanteller zu DM 49.- kaufen. Wie begeistert löffelt ein Kind seine Suppe aus, wenn es weiß, daß am Schluß unter den letzten Linsen oder Bohnen Andreas Köpke herauslacht.
Falls der Club einmal verliert, was bekanntlich nie vorkommt, löschen wir unseren Kummer aus einem Club-Seidel, Club-Stiefel, Club-Weizenglas oder aus dem Club-Schwenker zu DM 19.50.
Fast jeden Tag verbringt der wirkliche Club-Fan im Club-Shop. Und jeden Club-Vormittag sinniert der Club-Freund schon, was er am Club-Nachmittag mit seinem Club-Geld für sein Club-Herz im Club-Shop alles kaufen könnte. Einen Club-Werkzeugkasten, Club-Unterhosen, ein Club-Deodorant, Club-Ohrenschützer, Club-Wasserpfeifen, Club-Gartenzwerge, Club-Kaulquappen, Club-Mähdrescher. Einen hohen Club-Sieg finden wir allerdings nicht im Fan-Shop, sondern wahrscheinlich nur in einem ganz alten Antiquitätenladen.

Aus der Welt der Volkswirtschaft:

Lieblicher Gewerbepark

Bald kommen die Oberbürgermeister der amtlich beglaubigten Weltstädte Erlangen, Fürth und Nürnberg wieder aus dem Urlaub zurück, und es werden dann wie jedes Jahr um diese Zeit die Wogen der Erregung über den Gewerbepark im Knoblauchsland hochschlagen. Ohne den Gewerbepark gehen hier bekanntlich demnächst die Lichter aus und die Welt unter.
Schon vermeint man nachts in Sack, Braunsbach und Bislohe das Brausen der apokalyptischen Reiter von Dürer zu vernehmen. Blind vor diesen großen Gefahren für den Lebenszweckverband Nürnberg, Fürth, Erlangen e. V. melden sich dann wahrscheinlich auch wieder Eiferer, Geiferer und grüne Brombeerheckenschützen zu Wort und halten einen Gewerbepark für einen Käs.
Ungeachtet der vom Ufo-Institut höchstgutachterlich herausgearbeiteten Tatsache, daß die Wachstumsraten von Radieschen im Knoblauchsland mit 0,82 Millimeter pro Tag auch nicht mehr das sind, was sie einmal waren, muß deswegen endlich auch einmal mit aller Deutlichkeit gesagt werden, was ein Gewerbepark für eine liebliche Angelegenheit für die mittelfränkische Menschheit ist.

In früheren Zeiten, wo solche Areale noch vollkommen respektlos und unüberlegt als Fabrikgegend oder Industriegebiet ausgewiesen worden sind, war es dort in der Tat kaum zum Aushalten. Aber man hat sich inzwischen in den verschiedenen Image-Ämtern längst eines Besseren besonnen und die Anhäufung von fränkischem Fleiß, Schweiß und Fließbandarbeit als Gewerbepark bezeichnet.
Dieser schöne Name Gewerbepark beinhaltet unsere stummen Sehnsüchte nach einem Park mit Hollerbüschen, Kastanienbäumen und possierlichen Eichhörnlein. Er läßt uns auf still dahinziehende Cumulus-Wolken über anscheinend endlosen Fluren hoffen. Vor unserem geistigen Auge sehen wir zu allem Überfluß vielleicht noch eine blonde Maid am Wegesrain stehen, wie sie mit freudigen Gebärden ihrem Gewerbe in diesem anmutigen Park nachgeht. Die Stunde allerhöchstens zu zweihundert Mark. Wer es nicht glaubt, kann in der Sigmundstraße, wo früher Dornengestrüpp, Sumpf und Irrlichter den Wandersmann in Richtung Höfen in Angst und Schrecken versetzt haben, die Segnungen eines bereits fertiggestellten Gewerbeparks besichtigen.
Dort durchschneidet jetzt der braungraue Strom des Europakanals majestätisch die Au und gemahnt uns beim kurzen Innehalten an die Allmacht von Meßlatten. Es grüßt aus den Regionen des ewigen Spannbetons der vollkommen menschenleere Gipfel des Fernmeldeturms, und unten im Tal zirpt in den frühen Morgenstunden schon der Gabelstapler. Wie kleine Bausteine aus dem Kinderbaukasten sind viereckige Lagerhallen bunt in die gleißenden Gefilde gewürfelt, Imbißbuden, in fränkisches Eternit gehüllt, erfrischen von Zeit zu Zeit den Durchreisenden mit Ketchup, Mayo, Töner Kebab, Puffreis oder paniertem Knetgummi.
Ein von eifrigen Hausmeistern im Eifer des letzten Gefechts übersehener Löwenzahn drängt aus einer Asphaltritze dem Neonlicht entgegen. Wenn die Abgase günstig stehen, erblicken wir manchmal das scheue Spritzgußrehlein, Plastikkobolde aller Art und Windhunde in freier Wildbahn. Bald wird jetzt im nahenden Herbst wieder der Magirus-Deuz balzen. Ach könnten wir doch bald auch im Knoblauchsland einen Gewerbepark unser eigen nennen.

Ein Zwiegespräch mit Hans Sachs

Mehrfach ist die Kultur- und Belustigungsverwaltung der Stadt Nürnberg schon in den Schmutz gezogen worden, weil man einen der berühmtesten Söhne der erhabenen Weltstadt, den Schuster und Dichter Hans Sachs, zu seinem 500. Geburtstag nicht würdig feiert.
Dabei hat der pensionierte städtische Angestellte Gerhard S. in einer denkwürdigen Nacht weder Kosten noch Mühen gescheut, den Nürnberger Meisterdichter in Form eines langen Streitgespräches zu ehren. Man kann es als Performance für Hans Sachs in drei Akten bezeichnen. Der dritte und letzte Akt hat vor dem Amtsgericht stattgefunden, wo sich Gerhard S. allerdings an Hans Sachs nicht mehr erinnern konnte.
Aufgrund der Zeugenaussagen von zwei Polizisten und einem unruhig schlafenden Hausbewohner am Hans-Sachs-Platz ist aber alles genau rekonstruiert worden. Früh um drei Uhr ist Gerhard S. mit einer Flasche Edelkorn in der Hand durch die Spitalgasse zum Hans-Sachs-Platz gekrochen und hat sich am Denkmal des Dichterfürsten mit den Worten „Endschulding'S Masder, is ba Ihner nu a Blädzla frei?" auf das Pflaster gesetzt. Herr Gerhard S. hat einen Schluck Edelkorn zu sich genommen und sich über die Verschwiegenheit des Herrn über sich gewundert. „Horch amol", schrie er den Hans Sachs an, „iich hob di gfrouchd, ob ba Dir nu a Blädzla frei is! Konnsd mer gwiss ka Andword geem, Maulaff, bläider!?" Auf das Stichwort Maulaff erschien an einem Fenster hinter dem Hans-Sachs-Denkmal ein Herr und brüllte zum Gerhard hinunter: „Des is heid scho der dridde, der wou dou ummernander randalierd. Wenn'S nedd aungbliggli verschwindn, hulli die Bollizei!"

Gerhard S. hielt die Beschwerde des in seiner Nachtruhe gestörten Herrn am Fenster für die Stimme des Dichterdenkmals. „Siggsders dou", sagte er zum Hans Sachs, „bringsd also doch Dei Goschn aaf." Und fügte dann warnend hinzu: „Wennsd die Bollizei hullsd, hau i der anne aff die Waffl naaf."
Danach muß er kurz eingenickt sein. Wie er wieder aufgewacht ist, erblickte er erneut über sich den sandsteinernen Dichter und bemerkte, daß dieser einen Bleistift und ein Notizbuch in den Händen hält. „Edzer hodd des Oorschluuch", sagte er, „doch die Bolli oogruufn. Woorscheins schreibd mi des Rimbfiech aaf, walli im Haldeverbood hogg."
Dann nahm er erneut einen Schluck Edelkorn und wandte sich direkt an den anscheinend gerade die Personalien aufnehmenden Hans Sachs. „Dou Dein Bleischdifd wech", drohte der Gerhard lautstark, „sunsd gräigsd vull anne in die Waffl!" Der Hans Sachs dachte aber nicht daran, seinen Stift einzustecken. „Edzer langds mer obber", schrie die Stimme von Hans Sachs, beziehungsweise die des Herrn vom Fenster, „edzer ruufi die Bolli oo." „Du bisd mer vielleichd a Debberla", sprach Herr Gerhard S., „die Bolli ooruufn, wenner selber a Bolli is. Der mouß doch bsuffn sei!"
Zum zweiten Akt des Edelkorn-Dramas vom Hans-Sachs-Platz erschien zehn Minuten später eine Polizeistreife. „Ihre Papiere bitte!" forderte einer der Polizisten. „Rimbfiecher", sagte der Gerhard und deutete zum Hans-Sachs-Denkmal hinauf, „des siggsd doch, daß Dei Kolleech meine Babiere grood kondrollierd." Dann soll der Gerhard erst dem Sockel vom Hans Sachs einen Fußtritt verabreicht haben, danach dem Streifenpolizisten.
Wegen Sandsteinverletzung und Widerstand gegen die Staatsgewalt wurde Gerhard S. zu vier Monaten auf Bewährung und einer Geldbuße von 900 Mark verurteilt. Der Richter hatte dem Angeklagten in seiner Urteilsbegründung auch noch erläutert, daß es sich bei einem seiner Widersacher um den im Jahr 1494 geborenen und 1576 gestorbenen Hans Sachs handelt. „Iich glaab", murmelte der Gerhard beim Verlassen des Sitzungssaales, „der Richder hodd aweng an Hedscher. Wäi konn denn anner die Bollizei alarmiern, wenner scho gschdorm is."

Der dressierte Kanalratz

In Zeiten, wo Tierfreunde sich daheim Krokodile, sibirische Springwürmer oder australische Ringelwarane halten, ist die Zähmung von heimischen Haustieren fast in Vergessenheit geraten. Dem Kleinreuther Haferflockenvertreter Herbert S. ist vor einiger Zeit eine original Nürnberger Kanalratte durch die Kloschüssel zugelaufen, und er hat sich an den patriotischen Aufruf erinnert, der örtlichen Tierwelt hilfreich unter die vier Beine zu greifen. Der Versuch, eine Ratte ins gesellschaftliche Leben der Stadt einzuführen, hat vor dem Amtsgericht geendet. Der Herbert ist zu einer Kunstausstellung in Zerzabelshof eingeladen gewesen, wo es außer einigen aus Kunsthonig und Wellpappe bestehenden Objekten auch einen sehr warmen Weißwein und ein ziemlich kaltes Buffet gegeben hat. Der Herbert ist an diesem Abend in einem Eck der Ausstellungsräume gestanden und hat anscheinend mit dem Futter seiner Jacke gesprochen. „Gell Willi", hat er in seinen Sakko hineingeredet, „däi Laid dou genger der aweng affn Geisd. Edzer zäing mer si alle zwaa nu an Schobbn vo den Sauerambfer nei, nougräigsd nu an Kaddofflsalood und nocherdla gemmer hamm."

Kurz danach hat der Herbert noch gewarnt: „Des soochi der Willi, wennsd mer widder mei Briefdaschn vullscheißd, nou wors es ledzde mool, daß mir zwaa midnander forddganger

sin." Diese merkwürdige Unterhaltung hatte die Kunstsachverständige Inge R. eine Zeit lang verfolgt und sich über die Monologe vom Herbert sehr gewundert. „Iich hob zeerschd gmaand", sagte sie vor Gericht, „der redd mid seiner Grawaddn odder mid die Huuserdräächer. Obber aff aamol hälder a Babbdellerla vull Kaddofflsalood in der Händ, sachd in sei Jaggn nei 'Kumm Willi, kumm – edzer gibds a schäins Ham-Ham fiir mein glann Bember' und nou grabbld dem ein Drimmer Ratz aus der Jaggn raus."
Der in der Brusttasche lebende Kanalratz Willi hat aber den Kartoffelsalat verschmäht und ist in einem kühnen Satz auf den Schoß von Frau Inge R. gesprungen. „Glaam'S, Herr Richder", sagte sie jetzt im Zeugenstand, „iich hädd in den Momend ka Drebfla Bloud mehr geem. Hoggd däi Sau vonnern Radzn aff mir draff und saufd mer mein Wein wech. Und wäi der goor woor, is mer des Viech undern Ruug noograbbld. Hom Sie scho amol an Radzn undern Ruug g'habd!?"
Der Herr Richter hatte noch nie eine Ratte unterm Talar gehabt. Aber er konnte die plötzlich eintretende Körperstarre der Inge gut verstehen. „Fiir miich", sagte die Dame der feineren Gesellschaft, „fiir miich hodd der Moo sein Radzn draff dressierd, daß der Frauen undern Ruug grabbld. Wall erschd hodder si halmi nersch glachd, und nou isser mid seiner Händ an meine Baaner naafgfoohrn. Bis ganz oomer hii. Und derbei hodder dauernd gsachd 'Wou bisdn Willi? Gäih her mei Scheißerla! Alder Lauser, des machd mer doch nedd, anner aldn Frau an der Wäsch rumgnabbern'."
Die Inge hat in Todesmut erst den Willi am Schwanz aus ihrer Unterwelt herausgezogen und dann dem Herbert eine geschmettert, daß der Kartoffelsalat in der Kunstausstellung herumgespritzt ist und weitere interessante Muster auf den ausgestellten Objekten gebildet hat. „Des doud mer wergli leid", sagte der Herbert, „dassi mei Willi suu derneem benommer hodd. Normool doud der nix. Obber der werd von den Schobbn Wein aweng übermüüdich gween sei."
Der Angeklagte wurde vom Vorwurf der schamverletzenden Ratzendressur in Tateinheit mit einem Kartoffelsalatattentat freigesprochen. Nach dem Urteil sprach der Herbert in seine Jacke hinein: „Konnsd rauskummer Willi – mir hom gwunner."

Die Freuden des Wassersports

Dadurch, daß der Mensch in vielen Fällen siebzig, achtzig oder gar neunzig bis fünfundneunzig Jahre alt wird, muß er sich die oft unerträglich langweilige Zeit bis zu seinem Lebensende mit verschiedenen sinnvollen Freizeitbeschäftigungen und den dazugehörigen Geräten verkürzen. Der Lebensversicherungsvertreter Erich H. hat sich einen beträchtlichen Teil seines Daseins durch den Aufbau eines Faltbootes mit Besegelung und Fußsteuerung zu 995 Mark verkürzt.
Den ersten Samstag hat er daheim auf dem Balkon mit dem Aufbau dieses besegelbaren Faltbootes verbracht. Am zweiten Samstag hat er die durch den Segelmast eingeschlagene Balkontür von der Glaserei abgeholt. Der größte Teil des dritten Samstags ist bei einem Gespräch über Rückgaberecht und die Unzulänglichkeit von Aufbauanleitungen für Faltboote in einem Sportgeschäft wie im Flug vergangen. So daß der Lebensversicherungsvertreter und zukünftige Faltbootfahrer Erich H. schon in einer gewissen angeheizten Stimmung war, wie er am vierten Samstag an den lieblichen Gestaden des Rhein-Main-Donau-Kanals mit haßerfüllten Augen auf lange Gummihäute, Holzspanten, Schrauben, Muttern, Schloßverrie-

gelungen – also auf sein Faltboot im Urzustand geblickt hat. Als erstes hat man das Gerippe aus langen Holzlatten zusammenfügen müssen. Als zweites ist dem Erich sein Werkzeugkasten in den Tiefen der europäischen Wasserstraße versunken. Ein kleiner Junge hat diesen Werkzeugkasten irrtümlich für ein Frachtschiff gehalten. Kurz nach dem vom Erich unbemerkten Stapellauf ist es untergegangen.
Unter den etwa zwanzig bis fünfundzwanzig Zuschauern, die für den Aufbau eines besegelbaren Faltbootes starkes Interesse bekundeten, befand sich auch der Vater des kleinen Werkzeugkasten-Kapitäns. „Sie daung edzer serfordd mei Werkzeich ausn Kanal raus!", brüllte der Erich diesen Herrn an.
Es klang etwas dumpf, vielleicht auch unverständlich, denn der Erich hatte die Gummihaut seines besegelbaren Faltbootes mützenartig über den Kopf gestülpt. Einige Zuschauer begannen zu lachen. „Und nou", erinnerte sich der Erich vor dem Amtsgericht, „hobbi vo hindn middern Gnübbl an Schlooch iibern Kubf gräichd."
Zeugen sagten aber übereinstimmend aus, daß er sich durch einen unglücklichen Fehltritt auf den Segelmast den Schlag selber verpaßt hat. Noch dazu sei der Hieb durch die Gummihaut am Kopf stark gelindert worden. Durch die tragische Verstrickung eines untergegangenen Werkzeugkastens mit einem selbstschlagenden Segelmast, durch das Gelächter und den höhnischen Applaus der inzwischen auf fast vierzig Personen angewachsenen Zuschauermenge ist bei Herrn Erich H. ein Amoklauf ausgelöst worden.
Mit dem Holzpaddel seines besegelbaren Faltbootes hat er durch einen sensenartigen Rundschlag drei Personen niedergeschlagen. Die Worte: „Iich hob ja mid dera Scheiß Gummihaud am Kubf nix gseeng", waren nur eine schwache Entschuldigung für ein gebrochenes Nasenbein, eine Gehirnerschütterung und verschiedene Platzwunden.
Wegen gefährlicher Körperverletzung wurde der Faltbootbauer Erich zu einer Geldstrafe von fast 5000 Mark verurteilt. Der Traum des freizeitmäßigen Binnenwasserkapitäns, einmal mit einem besegelbaren Faltboot das Schwarze Meer oder wenigstens die Schleuse Rednitzhembach anzulaufen, ist in weite Ferne gerückt.

Ein geheimnisvoller Bierdieb

Betrügerisches Einschenken ist in der Biergartensaison inzwischen schon ein Allerweltsverbrechen, das vom Staatsanwalt überhaupt nicht mehr verfolgt wird. Es sei denn, es trifft ihn und seinen brachliegenden Hals selbst. Hingegen gibt es auf dem Gebiet der Bierkriminalität jetzt eine neuartige Straftat, nämlich das unbefugte Austrinken, an dem die Aufdeckungsbehörden nicht achtlos vorübergehen.
Ein besonders schwerer Fall von unbefugtem Austrinken, der sich noch dazu mit einer tragischen Verwechslung gekreuzt hat, ist jetzt vor dem Amtsgericht verhandelt worden. Der Gewohnheitstrinker Walter K. ist in einem kleinen Randsteinbiergarten in der Nordstadt gesessen, war mit Entzugserscheinungen dritten Grades behaftet und hat sich mit den italienischen Worten „A Bilsla – obber wenns gäid a weng brondomäßig!" ein Seidlein Bier bestellt.
„Iich hob nou", sagte der Walter vor Gericht, „middern Nachbern am andern Diisch ganz korzz aweng iibers Wedder blauderd, dreh mi widder rum, nimm mei Seidla Bier in die Händ, zäich oo – und nou kummd nix. Iich hob gmaand, mei Hamsder hodd an Hexnschuß, Herr Richder. Iich einen Dorschd, dassi in Humbser sei Sudbeggn aussaufn hädd kenner, und nou schdelld mer däi Bedienung fiir vier Mark fuchzich a leers Biergloos hii."

Zur Bedienung hatte der Walter gesagt: „Vo Eich Raubridder mouß mer si scheins alles gfalln loun. Erschd Nullkommavier Lidder Bier im Gloos, nou Nullkommadrei und edzer Nullkommanix. Schau blouß, dassd mer edzer a Bier bringsd." Die Bedienung schwor aber Stein und Bein, daß das Glas voll war, und der Walter es wie mechanisch ausgetrunken hat, ohne davon Notiz zu nehmen.
Kurz danach brachte die Bedienung wieder ein Bier, der Walter schob gerade ein Bierfilz unter den wackelnden Tisch. In dem Moment tauchte aus dem Efeu-Rankgitter eine Hand auf, nahm das Bierglas und stellte es nur wenige Sekunden später wieder leer zurück. Der Arm gehörte zu einem ebenfalls sehr durstigen, aber mittellosen Vorstadtspaziergänger, der dort schon öfter unschuldigen Bieren aufgelauert hat.
„Des hobbi grood nu gseeng", sagte der Walter, „wäi der Arm des leere Seidla widder hiigschdelld hodd. Ner ja, nou kummd der Moo um den Pflanzdrooch rum, schdelld si vuur miich hii und sachd 'Endschulding'S, kenner Sie mir soong, wou die Helmschdrass is?'" „Iich hau der dei Helmschdrass glei am Baggn naaf", schrie der Walter den erschrockenen Fragesteller an. „Konnsd mer Du Dreegsau vielleichd soong, wou meine zwaa Bier sin?!"
Bevor dieser vollkommen unschuldige Herr, der tatsächlich in die Helmstraße wollte, irgendeine Antwort stammeln konnte, machte er bereits mit links und rechts je einer Ohrfeige eine innige Bekanntschaft. Die kurz danach erschienene Polizei klärte dann aber auf, daß dieser abgewatschte Herr mit dem Schlundraub am Wirtshaustisch überhaupt nichts zu tun hatte. Der wirkliche, geheimnisvolle Bierdieb war der Polizei bekannt. Er ist an diesem Nachmittag aber nicht mehr greifbar gewesen. Wegen der zwei Schelln für ein unschuldiges Opfer wurde Walter K. zu einer Geldstrafe von 1400 Mark verurteilt. „Des is ja nunni es Schlimmsde", sagte der Angeklagte, „wall es Schlimmsde is kummer, wäi die Bolli widder fordd gween sin. Iich hob mer dann zur Sicherheit im Werzhaus drinner numol a Seidla eischenkn loun. Und in den Momend kummd a Freind vo mir rei und sachd 'Hob der iich einen Dorschd, lou mi amol an glann Schlugg drinkn' – und nou woor mei Gloos scho widder leer."

Aus der Welt der Enthaltsamkeit:

Die Königin der Tafelwasser

Neulich in einem nouvellemäßigen Förstglass-Restaurant. Auf die Frage eines sich anscheinend nicht auf der Höhe der Zeit befindlichen Gastes „Frollein, kenndn'S mer gschwind a Mineralwasser bringer?" antwortete die Bedienerin aus der steil nach oben erhobenen Nase: „Badoit, Vichy, Perrier oder Queen of the Tablewaters?" Bestürzt ist dieser Gast aus dem Restaurant geflohen.

Diese kleine Begebenheit aus der Welt der lackierten Tischsitten sagt uns unter anderem, daß der Trend ganz klar zum Brunnen geht, bis er bricht. Man trinkt water, l'eau oder aqua aller Art, die Zeiten der dumpfen Vollräusche sind vorbei. Abends zum Saque du Press zischen wir keine acht Seidlein Vollbier mehr, kein Hefeweizen, geschweige denn eine Maß Doppelbock.

Der Herr und die Dame von World nippen jetzt mit Vorliebe von einem Gläschen 91er Perrier Nordlage, das Maul voll zu 8,50 DM. In aller Munde sind derzeit Overkinger, Kondrauer, Radenska oder Altmühltaler.

Durch die Einnahme von einigen Schoppen Mineralwasser, sei es Vichy, Badoit oder Apollinaris, ändern sich natürlich auch die seit Jahrhunderten überlieferten Wirtshausgepflogenheiten grundlegend. So ist etwa der vor allem in der Nordstadt beheimatete Bierschieß, der meist gegen Mitternacht durch die Lokale dröhnt und zum Heimgehen gemahnt, praktisch zum Aussterben verurteilt. In den Nürnberger Gasthäusern

Café Lorenz, Café Sebald oder Chez Bammes treffen wir ihn überhaupt nicht mehr an. Dort macht der Gast nach einem Schlücklein Perlwasser ein Bäuerchen und zieht mit seinem Hetscher zufrieden von dannen. Das Lallen hat dem Rülpsen weichen müssen.
Wie qualvoll war in den früheren Zeiten des Alkoholmißbrauches zudem der Morgen danach. Man ist in einer wildfremden Umgebung erwacht, einen Kopf wie ein Wetterballon, einen Geschmack im Hals, wie wenn dort faule Eier nisten täten, und schon eine auf den Boden aufprallende Daunenfeder hat zu schweren Migräneanfällen führen können.
Jetzt, selbst nach vier, fünf Fläschlein Mineralwasser, erleben wir den anderen Morgen frisch und klar, wissen noch ganz genau, wo wir die Nacht verbracht haben, und möchten uns durch diese qualvollen Erinnerungen am liebsten mit einer Flasche Himbi betäuben. Aber auch Himbeergeist, Schlehen, Quitte, Birne, Hollunder sind out. Wir schütten die Sorgen in ein Gläschen Windsheimer, von wo sie vor lauter Schreck sofort wieder zurückkommen.
Auch das früher so beliebte Schönsaufen von Thekenpartnern entfällt, und es wird kaum mehr zu jenen durch den Alkohol stark begünstigten Anbahnungen kommen, bei denen schon manche Dame früh darüber sinniert, warum sie mit dem Glöckner von Notre Dame die Nacht verbracht hat.
An der Theke herrscht absolute Ruhe, hin und wieder nur unterbrochen vom Aufsprudeln eines Mineralwassers, von einem seufzenden Aufstoßen oder von dem Ruf: „Numol a Achderla vo den Überkinger, der leffd haid widder wäi Öl."
Einige Kenner unterhalten sich vielleichd noch gedämpft über den Mineralwasserlehrpfad von Feucht, über die belebende Wirkung von Spurenelementen und das fruchtige Bouquet des 89er EWAG, Kläranlage Südseite. Ein ganz besonders würziges Tröpfchen.
Das schönste an der neuen Mineralwasserwelle ist jedoch die Heimfahrt, wenn wir beim Anhalten durch die Polizei nicht wie früher auf die Straße hinfallen, sondern vollkommen aufrecht unseren Gewässerschutzbrief vorweisen können. Und dabei das Liedlein summen: „Es wird ein Wasser sein, und mir wern nimmer sein." Hoffentlich.

Aus der Welt des Wachstums:

Wenn die Zucchini wandern . . .

Ein Gemüsegarten bietet bekanntlich große Vorteile auf dem Gebiet der stoßweisen Ernährung und der scheunendreschermäßigen Vitaminversorgung. Gerade jetzt vor dem heiligen Erntedankfest lebt der Kleingärtner derart gesund, daß er sich schon Ende September als Model für den Herbstkatalog der Barmer Ersatzkasse melden kann. Da Kohlrabi, Gelberüben, Knollensellerie, Feuerbohnen oder Himbeerhybriden den Begriff Sukzession (lat.: allmähliches Nachfolgen) scheint's nur vom Hörensagen kennen, befindet sich der Selbstversorger in einem explosionsartigen Überfluß, daß ihm neben Hören und Sehen auch das Essen vergeht.

Die jetzt abgeschlossene Tomatenernte etwa hat uns in die glückliche Lage versetzt, daß wir Tag und Nacht beim Gehen und Stehen sowie auch im Liegen und Taumeln Tomaten gegessen haben. Früh haben wir uns einen Tomatensaft gepreßt, ein Butterbrot mit Tomaten zu uns genommen oder

Tomaten in den Kaffee eingetaucht. Mittags hat es mit Tomaten gefüllte Tomaten gegeben, abends Tomatensuppe, Tomatenpüree, Tomatensalat, Tomatenragout. Während eines kommunalpolitischen Vortrags konnten wir den Hauptredner mit 50 Kilo Bio-Tomaten bewerfen.
Derzeit erfreut uns das unbeirrte Wachstum der Zucchini, die mit ihrem völkerwanderungsartigen Ausbreiten auch für ein nachbarschaftliches Gemeinschaftsgefühl sorgen. Wer 12 Wochen lang unablässig Zucchini gegessen hat, neigt zum Export seiner Gartenfrüchte. An nur einem einzigen Wochenende erhält so der Zucchinianbauer von Nachbarn oft bis zu 40, 50 wuchtige Zucchini.
Die Zucchinischeuern sind schon bis unter die Decke gefüllt, in der Garage parken drei Zentner Zucchini und Kindern und Kindeskindern wachsen die frischen Zucchini zum Mund heraus. Abends haben wir Besuch von befreundeten Kampf-Landwirtschaftlern aus Zerzabelshof. Sie haben uns zu unserer großen Überraschung drei Schubkarren Zucchini mitgebracht. Diese geben wir am anderen Früh weiter. Manche dieser Wander-Zucchini sind an die dreißigmal weiterverschenkt worden und haben so schon in jungen Jahren viel von der Welt gesehen.
Schon geht jetzt auch der Endiviensalat seiner Reife entgegen, sodaß wir ab nächster Woche auf unseren Beeten unablässig wie eine Kuh grasen, beziehungsweise endivien können. Um die Endivienernte in Griff zu kriegen, werden wir Endivientee trinken, Endivienblätter panieren, fritieren, und die wetterfesten Endivienstauden als Kopfbedeckung tragen.
Gestern meldete die Polizei, daß seit Tagen ein Hobbygärtner durch eine Ziegelsteiner Gartenkolonie irrt, mit einem Viertonner-Anhänger voll Rote Rüben im Gefolge. Er versichert Passanten unter Tränen, daß er bei Abnahme von einem Zentner Rote Rüben zwei Waschkörbe Zwetschgen drangibt und pro Partie 50 Mark Entsorgungsgebühren entrichtet. Aber was will jemand mit einem LKW-Anhänger voll Rote Rüben und Zwetschgen, wenn er daheim in seiner Gartenlaube bis zum Hals in Bohnen sitzt und bittelt und bettelt, daß ihn jemand von seinen Gurken befreit, aus denen er schon kleine Gurkenmännchen für Weihnachten schnitzt?

Die Dämmer-schoppen-Dogge

Da Hamster, Meerschweinchen, Guppys und Zierhasen nicht gerne in einem Robinson-Club in Sri Lanka Urlaub machen, bevölkern in den Ferien viele in die Freiheit zwangsentlassene Haustiere öffentliche Wärmstuben und bitten um Notaufnahme. Hätte der Bierchemiker Roland S., Inhaber einer wolkenkratzerartigen Deutschen Dogge mit dem aus der griechischen Sage stammenden Vornamen Apollo, gewußt, was auf seinen vierbeinigen Gott während der Urlaubseinquartierung bei einem flüchtigen Bekannten zukommt – er hätte ihn lieber wie viele andere Tierfreunde auch zwei Wochen bei Wasser und Taubenfutter im Stadtpark ausgesetzt.

Die Folgen des Internierungslagers haben vor Gericht besprochen werden müssen. „Mei Abollo", klagte Roland S. am Amtsgericht, „is seid dera Zeid, wou er ba den Saukubf gween is, ein hoffnungsloser Algerholigger, Herr Richder."

Angeblich soll ihn der private Hundedompteur Willy K. zum Alkoholismus verführt haben. „Dassi nedd lach", erwiderte Willy K. auf die Vorwürfe, „des Viech hodd hunderbrozendich scho vuurher gsuffn wäi a Berschdnbinder. Wäi nern der Herr ba mir abgeem hodd vuur sein Urlaub, isser doch scho zu der Diir reidaumeld, wäi wenner drei Bromill g'habd hädd. Und ausn Maul hodder gschdunkn wäi a Schnabsfabrigg."

Allerdings gab es einen Zeugen, der den Willy bei einem klei-

nen Verstoß gegen das Tierschutzgesetz in einem Lichtenhofer Wirtshaus beobachtet hatte. Vor diesem Gasthaus standen der nicht sehr groß gewachsene Willy und die ihm fast bis an die Schulter reichende Deutsche Dogge Apollo.
„Abollo, du bläide Sau, schau edzer, dassd hammkummsd", schrie der Willy verzweifelt, „odder solli vielleichd weecher dir Doldi in Abschlebbdiensd oorufn." Dann zog der Willy wieder mit aller Kraft an der Leine, die Dogge Apollo stemmte sich dagegen und ließ ganz kurz nach. So prellte es den Willy voll auf den Gehsteig. „Der hodd si nedd vom Flegg griird", sagte der Angeklagte und erinnerte sich weiter: „Wäi mer die Grafd ausganger is, hodd der Hund miich zuung. Zwanzg Meeder hodder mi gschleifd. Blouß dasser widder ins Werzhaus neikummd."
Nach einem erbitterten Kampf erinnerte sich der Willy an die angebliche Alkoholfahne des ihm anvertrauten Apollo und kaufte an der Gassenschenke zwei Flaschen Vollbier. „Däi hodder bis zon ledzdn Drobfn neizuung", sagte der Willy, „nou hobbin nu drei Underberch zulln loun. Und nocherdla isser anschdandslos mid hammgloffn. Also aweng dorgld isser scho. Obber gfolchd hodder."
Nach diesem kleinen Zwischenfall hat die Deutsche Dogge Apollo jeden Abend nach dem Gassigehen zwei Halbe Bier getrunken und drei Underberg. Als der Hundebesitzer Roland S. nach zwei Wochen aus dem Urlaub zurückkehrte und seinen Apollo in Empfang nehmen wollte, taumelte ihm ein dem Alkohol verfallenes Wrack entgegen. „Riggwärds isser gloffn", erinnerte sich Roland S., „nou hodds nern alle vier Baaner wechzuung, und schdadds belld hodder bfiffn."
Roland S. verlangte, daß der Urlaubsvertreter die 20 Mark Pensionskosten pro Tag zurückzahlt und wegen Tierquälerei hart bestraft wird. „Ja fraali", antwortete Willy K., „des Geld zriggzoohln! Der hodd ja jeedn Dooch ball scho fiir zwanzg Marg gsuffn."
Weil es nicht wissenschaftlich ermittelt werden konnte, wer die Dogge Apollo zum Trinken verführt hat, wurde Willy K. freigesprochen. „Wenni widder amol an Hund in Bension nimm", sagte er, „nou lassi vuurher an Leberdesd machn, des wassi gwieß."

Ein Tauchgang in der Hochzeitssuppe

Eine fränkische Hochzeitssuppe enthält bekanntlich neben einer Fleischbrühe noch Schwemmgniedla, Butterklößchen, Leberknödel und in Streifen geschnittene Pfannkuchen. Herr Eberhard D. aus Zerzabelshof kann über die Zutaten einer original fränkischen Hochzeitssuppe seit einem Wirthausbesuch im Spätsommer genauestens Auskunft geben, auch über die zulässige Suppentiefe und den Wärmegrad. Denn er hat diese Suppe im Verlauf einer Wette, bei der es um seine Balancierfähigkeit gegangen ist, aus allernächster Nähe in Augenschein genommen. Der sich daran anschließende Skandal um die fränkische Hochzeitssuppe hat jetzt vor dem Amtsgericht verhandelt werden müssen.

Der Eberhard hat sich an diesem Spätsommerabend eine Halbe Bier kaufen wollen, es sind aber wider Erwarten sieben Halbe geworden. Dadurch ist seine Leutseligkeit, gepaart mit einer großen Mitteilungsfreude und einem Hang zu sportlichen Höchstleistungen rapid gewachsen. Über eine Stunde lang hat er erst mit seinen Tischnachbarn kein einziges Wort gewechselt. Nach der fünften Halben hat er aber schon ein geschmeidiges „A Bresdla middnander" gewagt, und beim Bier Nummer sieben ist er plötzlich aufgestanden und hat ziemlich laut gesagt: „Horchd amol, ihr Doldi! Ihr hobd doch nerblouß Fensderkidd in die Musgerla drinner. Iich zeich Eich edzer amol an Kubfschdand am Diisch. Iich woor nemli Bausnkaschber bam Zirgus Salami."

Wahrscheinlich hatte er den Zirkus Sarrasani gemeint, aber es hätte sich auch mit dieser Berichtigung keiner am Tisch einen Reim darauf machen können, warum dieser Eberhard D. plötzlich einen Kopfstand vorführen möchte. Niemand war an diesem Kopfstand interessiert. Am wenigsten Hermann F., der Vorsitzende eines Hasenzüchtervereins, der direkt neben dem Eberhard gesessen war.
Er sagte zu seinem Nachbarn, der wegen dem bevorstehenden Kopfstand bereits Jacke und Hemd ausgezogen hatte: „Edzer lässder vom Wird a nass Handduch bringer, des legsder am Kubf draff und nou werds scho widder besser." Der Eberhard ließ sich aber von seinem Vorhaben nicht abbringen und brüllte: „Wenn iich sooch, dassi edzer an Kubfschdand mach, nou machi an Kubfschdand. Und zwoor am Diisch und nedd affern nassn Handduch."
In diesem Moment wurde die vom Hasenzüchtervorstand bestellte fränkische Hochzeitssuppe serviert. Und nur Sekunden später stand der Eberhard mit vollkommen entblößtem Oberkörper da, klammerte seine Hände um die Tischkante und wollte sich zu dem angekündigten Kopfstand emporschwingen. Gleichzeitig soll der Hermann seine fränkische Hochzeitssuppe unter den Kopf des Akrobaten geschoben haben.
„An alles", sagte der Eberhard jetzt vor Gericht, „an alles konni mi nemmer erinnern. Weecher den Schogg. Obber des wassi nu, dassi grood mein Kubf am Diisch aafsedzn hob wolln, und nocherdla binni aff amol bis iiber die Augn in dera Subbn drinner gschdandn. Middn Kubf. Iich hob Verbrennungen driddn Grades g'habd."
Durch den ersten Zerzabelshofer Suppenkopfstand rutschte der Eberhard aus, fiel auf den Boden und brach sich den rechten Arm. Mit einigen Pfannkuchenstreifen im Haar wurde er ins Krankenhaus gebracht. Der wegen eines Anschlags mit einer fränkischen Hochzeitssupe angeklagte Hermann F. wurde mangels Beweises freigesprochen. „Obber vo dir", sagte der Angeklagte zum Eberhard gewandt, „vo dir gräichi nu vier Marg fuchzich." „Fiir woos?", fragte der Eberhard. „Fiir die Hochzeidssubbn", antwortete der Hermann, „Wall dou woorn suvill Hoor drinner. Däi hodd mer nach dein Kubfschdand nemmer essn kenner."

Der Fluch des alkoholfreien Bieres

Seit Jahren befindet sich der Gastwirt Herbert B. in einem furchtbaren Dilemma, das man in dieser Form nur noch aus den griechischen Tragödien kennt. Der Herbert hat in Gestalt des promovierten Trinkers Dieter S. einerseits einen sehr vornehmen und zahlungskräftigen Gast, auf den er keinesfalls verzichten möchte. Andererseits pflegt sich dieser Herr immer freitags die Hucke vollzutrinken und dabei zwei Dinge völlig zu vergessen. Nämlich erstens seine vornehme Zurückhaltung und zweitens, daß er zahlungskräftig ist.

„Dou konnsd", sagte der Gastwirt Herbert B. jetzt vor dem Amtsgericht, „dou konnsd direggd dei Uhr dernouch schdelln – ganz genau nach siem Seidla hodd der einen deroordichn Breller, dasser nemmer wass, wer er is. Dou schreid der in mein Werzhaus ummernander 'Mein Name is Zorro, der Rächer der Enderbden!!'. Nou sachder, daß mer den Blembl vonnern Bier nedd saufn konn, bevuur er nedd durch die Kläranlooch gloffn is. Und nocherdla gräichi jeedsmol gscheide Fodzn."

Herbert B. freut sich auf diese Freitage wie ein kleines Kind. Am Montag erscheint sein Star-Gast, entschuldigt sich für den

kleinen Gedächtnisausfall vom Freitag und zahlt die Rechnung. „Obber däi Schelln, wo iich jeedsmol gfaßd hob", sagte er, „däi nimmder nedd zrigg."
An einem Freitag, wo der Herbert wieder vor den Wochenend-Watschn gezittert hat, ist ihm eine Abhilfe eingefallen. Heimlich hat er seinem Stammgast statt Pils vom Faß eine Halbe alkoholfreies Bier aus der Flasche ins Glas gefüllt. „Meine andern Gäsd", erinnerte sich der Herbert, „hom scho gwardd, bisser sei siebds Seidla hodd, und daß iich vom Rächer der Enderbden meine Schelln gräich. Die massdn kummer ja die Freidooch nerblouß weechern Zorro und seine Baggbfeifn."
An diesem Abend hatte der Wirt schon angekündigt, daß es keine Schelln gibt. Wetten sind abgeschlossen worden, Herr Dieter S. war bei der siebten Halben angelangt, und er erinnerte sich zur Verwunderung des Publikums in keiner Weise an seine zweite Existenz als Zorro, dem Rächer der Enterbten.
Es war schon weit nach Mitternacht, der Herbert strahlte übers ganze, schellnfrei gebliebene Gesicht, schenkte dem Dr. Zorro beiläufig die vierzehnte oder fünfzehnte Halbe ein, als plötzlich ein markerschütternder Schrei durch das Wirtshaus gellte. „Iich glaab iich schbinn", brüllte Herr Dieter S. plötzlich, „edzer hobbis gseeng! Des is ja ein algerholfreies Bier, wosd mer du Dreegsau dauernd eischengsd. Wäi soll mer denn dou bsuffn wern!"
Er stand auf, rannte zur Theke und schrie: „Iich hob in mein Leem nu kanne Menschn wos dou. Iich bin die Sanfdmuud in Berson. Obber wos z'vill is, is z'vill. Algerholfreies Bier – des grenzd ja an Leemsmiddlvergifdung!" Und dann erhielt Herbert B., wie jeden Freitag, seine Schelln. Nur diesmal nicht vom Rächer der Enterbten, sondern von Dieter S. persönlich. „Wenner bsuffn gween wär", sagte der Herbert vor Gericht, „nou häddin nedd oozeichd. Obber nüchdern miich deroordich aff die Waffl hauer – dou isser desmool zer weid ganger."
Wegen Körperverletzung wurde Dr. Dieter S. zu einer Geldstrafe von 3000 Mark verurteilt. „Es nexd mool", sagte der Angeklagte nach dem Urteil zu seinem Daueropfer, „es nexd mool gibsd mer widder a richdigs Bier. Dou gräichi wenigsdns mildernde Umschdänd, wenni der die Goschn bolierd hob."

Das Ende der Tankstellen-Mafia

Ein Gogerer ist bekanntlich ein Mensch, der herumgogert. Man kennt den Schutt-Gogerer, den Tauben-Gogerer oder den meist in der Südstadt beheimateten Hasen-Gogerer. Herr Eugen F. führt in der östlichen Nürnberger Vorstadt das auch sehr interessante Dasein eines Tankstellen-Gogerers.
Diese erst in der neueren Zeit aufgekommenen Herrschaften sitzen nicht immer zur Freude des Tankwarts von früh bis spät in der dämmrigsten Ecke einer Tankstelle, schafkopfen dort, besprechen die Welt, sowie Außen-, Innen- und Finanzpolitik der Bundesregierung und trinken Sechsämtertropfen fläschchenweise. Eugen F. hat im Lauf der Zeit seinen Tätigkeitskreis erweitert und ist deswegen jetzt vor dem Amtsgericht gestanden.
Als Zeuge war der Tankstellen-Chef Erich S. aufgeboten, der in den letzten Monaten eine rapide Zunahme der Vergesslichkeit seiner Kunden feststellen mußte. Wahrscheinlich durch die Benzindämpfe schwer benebelt, haben sie nach dem Tanken häufig das Zahlen vergessen. „Und drum", sagte der Erich im Zeugenstand, „hobb mi iich hinder mein Zeidungsregal an den Dooch aff die Lauer gleechd."
Unter anderem fuhr ein Mercedes vor, eine Dame stieg aus,

tankte, unterhielt sich noch kurz mit dem schemenhaft aufgetauchten Tankstellen-Gogerer Eugen und rauschte kurz danach wieder ab. „Iich nei in mei Audo", berichtete der Herr Chef, „dera Frau hindn nouch bredderd und korzz vuurn Milchhuuf hobbis derwischd und aus ihrn Kiibl rauszuug. Iich hobbs baggd, miid zon Dellefonhaisla gschleifd und die Bolli oogruufn."
Als der Erich den Polizeibeamten stolz mitteilte, daß er einen der berüchtigten Benzinmarder in Gestalt dieser Dame festgenommen hat, sagte die berüchtigte Benzinmarderin: "Iich glaab, der Moo is zu lang in der Sunner gleeng! Daß des Ozon suu arch affs Hirn gäid häddi edzer aa nedd dengd."
Dann erklärte die Dame, daß sie nach dem Tanken ordnungsgemäß an einen sehr höflichen, jedoch stark nach Kräuterschnaps riechenden Herrn fünfzig Mark bezahlt hat. „Der woor unheimli freindli", erinnerte sich die Mercedesfahrerin noch, „wall es hädd eingli sechserfuchzg Marg kosd. Obber er hodd blouß den Fuchzger gnummer. Waller aff sechzg Marg nedd rausgeem konn, hodder gsachd."
Bei der anschließenden Gegenüberstellung mit dem Herrn Eugen erkannte die Dame sofort das Gesicht des Kassiers wieder und den dazugehörigen Mundgeruch. „Der elendiche Beidlabschneider", wütete der Tankstellen-Chef vor Gericht, „däi Dreegsau, däi gschrubbde! Hodd der Windhund, wenner bam Karddln grood amol ausgsedzd hodd, hodd der ba mir die Kundschafd abkassierd. Wenn anner a Gwiddung gwolld hodd, nou hodder gsachd 'Ohne Gwiddung kosds an Fimbfer wenicher'. Des mäinsersi amol vuurschdelln, Herr Richder! Und däi Frau in den Mercedes, däi häddi ummer Hoor gscheid aff die Goschn naafg'haud. Walli gmaand hobb, sie is a Benzinmarder!"
Wegen unerlaubten Kassierens wurde der Tankstellengogerer Eugen F. zu einer Geldstrafe von 3200 Mark verurteilt. „Und lou di ba mir blouß nemmer seeng", drohte der Erich dem Eugen, „deine andern Schnapsdrossln sin aa scho alle nausgfluung!" Worauf der bereits wieder unter dem inspirierenden Eindruck eines Sechsämtertropfnes stehende Eugen antwortete: „Schnapsdrossl fliech, dei Vadder is im Griech, dei Mudder is im Bommerland. Bommerland is abgebrannd – und iich aa."

Aus der Welt der Abenteuer:

Der sechste Grad im Gully-Tauchen

In früheren Zeiten waren Abenteuerreisen nur höhergestellten Persönlichkeiten wie etwa Christopher Columbus, Vasco da Gama, Martin Behaim oder dem legendären Einhandtrinker Paolo Preller vorbehalten. Heutzutage surft hingegen jeder ganz normale Depp über den Atlantik, durchpflügt Nordgrönland im Sattel seines City-Bikes oder schwebt im Hängegleiter über die malaysische Inselbrücke gen Australien. Einstmals als Adventure-Reisen bezeichnete Ausflüge durchs Wilde Kurdistan und in die Innere Mongolei sind längst kalter Kaffee und werden bereits vom Omnibus-Römming als Butterfahrten für Senioren angeboten. Vollpension und Rheumadecke inklusive. Ein 97jähriger Schoppershofer Globetrotter hat sich dieser Tage in einem Reisebüro über ein Florida-Angebot mit den Worten geäußert: „Heern'S mer aaf mid Meiermi! Dou is doch die Kadz gfreggd." Der Jahresurlaub befindet sich entschieden im Wandel.

Wer noch nie vier Wochen auf Eis-Climbing im Himmerleier war oder nicht wenigstens den Hoang Ho von der Quelle bis zur Mündung ohne Sauerstofflasche durchtaucht hat, steht dem Fortschritt im allgemeinen Travelling-Wesen im Weg und soll ruhig weiterhin seine vierzehn Tage Muggenhof buchen.

Der progressive Urlauber begibt sich hingegen survivalmäßig

an die Gestade der Beringsee zwischen Sibirien und Alaska, jagt auf Rollerskates die Kilimandscharo-Nordwand hinunter oder umrundet auf dem Einrad die Antarktis. Mancher bereitet sich im Kühlhaus vom Schöller auf drei Wochen Packeis vor. Auch nicht von schlechten Eltern ist das immer beliebter werdende Sky-Surfen, wo wir über der Sahel-Zone mit ihrer einmaligen Thermik nur mit Fallschirm und Surfbrett bekleidet aus dem Flieger abspringen und im freien Fall an die Grenzbereiche menschlicher Leistungsfähigkeit stoßen. Manchmal stoßen wir unter kühner Umgehung dieser Grenzbereiche sogar direkt am Boden auf, und zwar wenn sich der Fallschirm nicht öffnet. Nach der Ankunft auf der Erde kann man uns dann zu einem handlichen Päckchen in Größe einer Postwurfsendung schnüren, was die Heimreise von unserem Sky-Surf-Urlaub erheblich verbilligt.

Überhaupt geben heutzutage nicht mehr wie früher Kilometer, Flugstunden und Kofferaufkleber über die Qualität unseres Urlaubes Auskunft, sondern die Ferien werden nach Schweißtropfen, Schürfwunden, Knochenbrüchen, Epidemien und Notoperationen bemessen. Wer vom Brückengeländerwandern (Bridge-Balancing) im Fernen Osten mit zwei amtsärztlich beglaubigten Beinamputationen, einem Schädeltrauma, Malaria und chronischer Diarrhöe von einem Sherpa auf der chinesischen Seidenstraße wieder heimgetragen wird, der kann was erzählen.

Auch Kraterklettern in nicht erloschenen Vulkanen (Mikrowelling) bietet dem modernen Wandersmann mannigfache und unauslöschliche Eindrücke. Vom pfeilschnellen Rafting, Canyoning und dem Hinunterbrettern von 8000 Meter hohen Gletscherfeldern (Ausrutsching) gar nicht zu reden. Wer die Einsamkeit sucht, wird einen zweiwöchigen Tauchurlaub in der Nürnberg-Fürther Kanalisation (Gully-Diving) wählen.

Ob aber auf einem Bein durch die Wüste Gobi (Hupfing), ob im Einbaum die Niagara-Fälle hinunter oder mit einem Gummizug-Motor im Hintern majestätisch über die Hohe Tatra – auch der schönste Erlebnisurlaub geht einmal zu Ende. Meist mit einer vom ADAC durchgeführten Restkörper-Heimführung. Diese mündet dann in eine Wanderung durch den Kamin vom Westfriedhof (Smoking).

Aus der Welt der Überredungskunst:

Lose Hosen, knappe Jacken

Oberhemden, Heißlufthosen, Sockenhalter, Krampfadernstrümpfe, Flauschjäckchen oder die legendären belgischen Zwölfreiher befinden sich momentan derartig in der Sonderangebotsphase, daß man an Hirnverbrennungen zweiten Grades leiden müßte, wenn man nicht unverzüglich zugreifen würde. Beim vorgezogenen Abverkauf der stark verbilligten, textilen Sommernachtsalpträume lernen wir auch wieder einmal die sanften Verkaufspraktiken brillant geschulter Konfektionsfachleute kennen.

Solange man dringend einen Verkäufer sucht, ist dieser Herr ein schemenhaftes Wesen, das Kleiderbügel sortiert, sein Naseninneres auf Bodenschätze untersucht oder hinter einer Geheimtür verschwindet. Wer hingegen nichts kaufen will, entrinnt ihm nicht. Bereits nach einem scheuen Blick durch die Eingangstür sieht sich der Kunde in ein Fachgespräch verwickelt, aus dem es kein Entkommen gibt.

Noch während der begrüßenden Worte „Wos braung mer denn, der Herr?" befindet man sich bereits in einem Designer-Sakko aus handgewebtem Edelknitterleinen, mit dem man sich infolge seiner natürlichen Länge auch als städtische Kehrmaschine beim Reinigungs- und Fuhramt melden kann. Die Ärmel schlenkern weit unterhalb der Knie. Auf unseren Einwand, daß dieser uns vollständig umhüllende, wintermantelartige Traum von einer Wohnjacke vielleicht eine Kleinigkeit zu großzügig geschnitten sein könnte, zerstreut der Fachverkäufer unsere Bedenken mit den Worten: „Also der schdäid Ihner fei goud."

Wie wir aus dem Inneren des Sakkos nach oben fragen, ob es sich um einen Dreimann-Blazer handelt, trägt uns der Fachverkäufer wie ein Bündel Buntwäsche zum Spiegel, zieht mit geübtem Griff unseren Kopf aus dem Sakko, so daß wir wieder das Licht der Welt erblicken und spricht: „Haier drächd mers aweng salobb."
Einen Spiegel weiter wird gerade ein etwa 2,5 Zentner schwerer Kunde von zwei anderen Fachverkäufern mit vereinten Kräften in ein grellblaues Zwangsjäcklein hineingestampft. Beim Schließen des letzten Knopfes läuft dieser Kunde passend zur Jacke blau an und erhält während des Erstickens die Auskunft: „Haier drääched mers leichd dallierd." Die Bemerkung „Bassd subber" geht im Detonationslärm unter, wie sich der oberste Knopf wie ein Artilleriegeschoß zehn Zentimeter tief in die gegenüberliegende Wand bohrt.
Ein Herr hüpft mit einer Jeans wie ein Känguruh vorbei und erhält zwischen zwei Sprüngen, die das Stolpern über die einen Meter zu langen Hosenbeine vermeiden sollen, die Auskunft: „Huusn drääched mer haier aweng lässich. Däi bassd wäi maßgeschneidert." Kurz danach irrt ein Hemd ziellos durch die Herrenbekleidungsabteilung und fällt unter lauten Hilferufen die Rolltreppe hinunter. Der darin eingewickelte Käufer ahnt noch nichts davon, daß man in diesem Sommer Hemden locker und weit umherschwingend trägt, und daß das zweite Knopfloch von unten als Sehschlitz stets geöffnet bleiben muß.
Jedes Jahr denken sich die Couturiers in Paris, Rom, Mailand, Madrid, New York bizarre, neue Modetrends aus. Aber vergeblich. Denn was an einem Herrn von Welt oder von Gibitzenhof herumbambelt oder aber sich schmerzhaft in den Körper bohrt, das entscheidet auch heuer wieder der mittelfränkische Textilfachverkäufer in seiner einmaligen Souveränität. In der Begeisterung darüber hätten wir fast vergessen: Den Hosenbund trägt man heuer auf Empfehlung des Fachverkäufers bündig mit dem Hals, die Einnahme von Speisen und Getränken erfolgt über das Hosentürchen, das bei einer etwaigen Flucht vor einem Textilfachverkäufer auch als Emergency-Exit verwendet werden kann.

Die Maultrommel

Künstlergagen sind eine sehr heikle Angelegenheit. Manchmal verwechselt sich ein Alleinunterhalter ausversehen mit Michael Jackson, Prince oder dem ebenfalls sehr berühmten „Heiner, der singende Schwachstrom-Elektriker" und verlangt ein Honorar, daß dem Veranstalter die Tränen kommen vor Lachen: Dieser Alleinunterhalter wird sich wahrscheinlich tief gekränkt für immer vom Show-Business zurückziehen.
Bei dem altfränkischen Maultrommel-Virtuosen Herbert M. hat es noch schlimmer geendet. Die Frage, ob eine Stunde Maultrommeln fünf Mark Gage kostet, überhaupt nichts. oder aber mit Gleichem vergolten werden kann, hat vor dem Amtsgericht geklärt werden müssen.
Dieser musikalisch offenbar von einer länger nicht geölten Gartentür beeinflußte Herbert hat in einem kleinen Biergarten in der Südstadt den dort kartenspielenden Stammgästen erklärt, daß er jetzt eine Serenade zum besten geben wird und schon vorab um eine angemessene Honorierung bittet. „Iich hob", sagte der berufsmäßige Schafkopfspieler Bernhard W., „den Mauldromml-Musigger a Fimbfmargschdiggla in sein Houd neigschmissn. Wall – iich hob ja nedd gwissd, wos dou

kummd. Wennis gwissd hädd, nou häddi mer fimbf Marg aus den Houd rausgnummer. Als Schmerznsgeld."
Ausgerechnet hinter dem Bernhard stellte sich der Herbert auf, klemmte sich die Maultrommel zwischen die Zähne und begann mit seiner schwermütigen Serenade. „Horch amol, Masder", sagte der Bernhard schon nach den ersten Takten, „vielleichd kennsd amol dei Gebiß aweng schmiern!"
Der Herbert spielte trotz der leichten Kritik unverdrossen weiter und tanzte auch ein bißchen dazu, falls man die von einigen Bieren beeinflußten Ausfallschritte als Tanz bezeichnen konnte. Der Bernhard war von diesem menuettartigen Vortrag so fasziniert, daß er ein Eichel-Solo mit Pauken und Trompeten, drei Bauern und sechs Mark pro Mann verlor.
Daraufhin schrie er den Künstler an: „Du wennsd edzer nedd serfordd aafheersd mid deiner Goschn-Geicherei, nou blousi der in Marsch, dassder Heern und Seeng vergäid!" Marschmusik war aber dem Herbert seine Sache nicht, und er zupfte auf seiner Gaumenharfe ein zehnstrophiges Trinklied aus dem späten Mittelalter.
Schon nach der ersten Strophe entnahm der Bernhard aus dem Hut des Künstlers seine fünf Mark wieder. „Doing, doing, doing!", ahmte er dabei das Maultrommeln nach, „dou horchi doch läiber derhamm in Keller der Dromml vo meiner Waschmaschiner zou! Däi konn wenigsdns in Daggd haldn."
Etwa bei der siebten oder achten Strophe hielt der Bernhard das dumpfe Trinklied aus dem späten Mittelalter nicht mehr aus. „Iich hob nern nou", sagte er jetzt vor Gericht, „iich hob nern nou anne aff die Waffl g'haud, Herr Richder. Obber nerblouß ganz leichd. Iich hob mer dengd, wenn der aff meine Nervn rumdrambln konn um fimbf Marg, nou konn iich aa aweng sei Goschn boliern." Und dann fügte er noch hinzu: „Iich hob fiir däi Schelln fei nix verlangd."
Das Gericht erhob für das gewaltsame Beenden einer spätmittelalterlichen Serenade eine Geldstrafe von 2400 Mark. „Dou kommer amol seeng", sagte der Angeklagte danach, „wos asuu a Richder fiir Ahnung vo Kunsd hodd. Der anne gräichd fiirs Maultrommeln an Haffdn Geld in sein Houd nei, und wenn iich ann aweng affs Maul dromml, nou mousi aa nu zoohln derfiir."

VIERMAL WEIZEN –
EINMALIG SPRITZIG.
Tucher
Weizen
Tucher
Dunkles
Hefe Weizen
Tucher
Weizen
Tucher
Helles
Hefe Weizen
Tucher
Leichtes
Hefe Weizen
ZUM GLÜCK GIBT'S TUCHER

Die fahrbare Sonnwendfeier

Auf dem Gebiet des allgemeinen Grillwesens sind in den letzten Jahren hervorragende Fortschritte erzielt worden. Man unterscheidet den chromveredelten Party-Grill, auf Wunsch auch mit Rallye-Streifen, den Titan-Grill, den elektronischen Grill mit acht Programmen und Fernbedienung, den Mikrowellen-Kombi-Grill oder das altgermanische Holzfeuer.
Bei der Verhandlung des wegen einer kleinen Trunkenheitsfahrt angeklagten Freilandkochs Jochen K. hat ein fahrbarer Gartengrillkamin eine wesentliche Rolle gespielt. Dieser Jochen K. ist während des vergangenen Sommers mit einigen Freunden und verschiedenen Kästen Landbier abends im Garten gesessen. Nach dem zweiten Kasten Bier hat es die meisten Festgäste nach einer warmen Mahlzeit als Unterlage für den weiteren Verlauf des Abends gelüstet.
Auf dem ungefähr bierfilzgroßen Grill des Hausherrn haben aber nur maximal ein halbes Kotlett, ersatzweise zwei Miniaturbratwürste Platz gehabt. „Und nocherdla", erinnerte sich der Jochen vor Gericht, „hodd der Heiner gsachd, dasser derhamm einen wunderbooren Kamingrill hodd. Der hodd sugoor Räädla droo und den kommer foohrn."
Auch mit Rädern dran wäre die Fahrt eines Kamingrill von Kleinreuth hinter der Veste im Norden der Stadt bis nach Reichelsdorf im tiefen Süden ziemlich problematisch gewesen. Unter einigermaßen normalen Umständen. Aber unter den an

diesem Abend herrschenden Umständen von inzwischen drei Kästen Bier gab es für den Transport des Grillkamins überhaupt keine Probleme mehr.
Man beschloß, daß der Jochen und der Heiner mit dem Auto nach Kleinreuth fahren, dort den Grill aufladen und ihn sofort nach Reichelsdorf bringen. „Normool", sagte der Jochen, „däärs ka Broblem gween. Obber erschdns hodd den sei bläider Kamingrill mid den Drimmer Schlood nedd in mein aldn Obbl neibassd. Und zweidns hodd nern der Doldi aa nu oogschiird, bevuur daß mer widder zrigg gfoohrn sin."
„Edzer", wehrte sich der Heiner, „edzer wäär iich aff amol der Doldi. Derbei hodd der gsachd, Herr Richder, daß mer mein schäiner Kamingrill eimbfach an die Schdoßschdanger hiibindn. Und ooschiirn sollin awall – erschdns walls lusdich ausschaud, wenn am Anhänger aweng a Feierla brennd, und zweidns kenner mer nou, wemmer in Reichlsdorf sin, glei middn Grilln oofanger."
Es bot sich der Polizeistreife an diesem Abend in Schweinau ein äußerst seltenes Bild. Ein alter Opel Kombi bretterte ungefähr mit 100 Stundenkilometern in Richtung Kanal und Reichelsdorf, an der Stoßstange war eine Art Lokomotive befestigt, in die ein ebenfalls auf der Stoßstange sitzender und schwer schwitzender Herr Holzscheite warf.
Als der Grillkamin-Transport angehalten wurde, fragte einer der Polizisten den Heizer hinten, was das zu bedeuten hat. „Sonnwendfeier aff Rääder", sagte der Heiner und warf erneut ein Scheit Holz in die Glut. Als es hell aufloderte schmetterte der Heiner das Lied „Flamme empor..." Und von vorne schrie der Jochen aus dem Autofenster: „Kemmer widder weiderfoohrn. Die Kumbl warddn aff die Koddledd."
Die Kumpel warten noch heute auf die Kotlett und den Kamingrill. Wegen Abschleppens eines fahrbaren, brennenden Grills unter dem Einfluß von 2,4 Promille wurde der Jochen zu einer Geldstrafe von 4500 Mark und neun Monaten Führerscheinentzug verurteilt. „Mid dein Grillkamin", sagte der Angeklagte zu seinem Heizer danach, „dou konnsd weecher mir in Zukumbfd ba der Bundesbahn däi neier Inderziddy umernanderfoohrn. Obber an mein Obbl werdsi nemmer hiig'hängd."

Unzucht am Fensterbrett

Im Zeitalter der Peep-Show muß der Mann von Heute an sich nicht mehr nachts durch Wohngebiete schlurchen und nach Möglichkeiten zur Augenbefriedigung Ausschau halten. Aber an manchen Ecken der Stadt lauern immer noch Spanner und Spechtler auf eine günstige Gelegenheit zum Aktstudium. Auch der städtische Angestellte Gerhard S. soll seinen Sehnerv nicht unter Kontrolle haben, wie die Hausfrau Irmgard N. behauptet.

Diese Hausfrau hat sich durch Herrn Gerhard S. optisch mißbraucht gefühlt, ist aber jetzt wegen Körperverletzung vor Gericht gestanden. An einem Freitagnachmittag ist die Irmgard daheim im ersten Stock auf dem Fensterbrett gestanden und hat die Fenster geputzt. Durch eine günstige Thermik ist dabei der Irmgard ihr Rock hin und wieder in die Höhe gehoben worden, daß unten am Gehsteig schon einige Passanten fast zusammengestoßen wären. „Iich hob aa nerblouß zwaa Händ", entschuldigte die Irmgard den Fensterbrett-Strip, „und nou konni hald endweeder Fensderbudzn, odder mein Ruug fesdhaldn. Alles zwaa aff aamol gäid nedd."

Wie der Gerhard unten vorbeigegangen ist, hätte es dem evangelisch-fundamentalistischen und angeblich sehr sittenstrengen Herrn fast die Augen herausgedrückt. „Herr Richder", sagte er, „däi hodd fei ka Underhuusn oog'habd! Miich hädd ball der Schlooch droffn, wäi iich naafgschaud hob." „Nou häsd hald nedd naafgschaud", beschied ihm die Angeklagte. Angeblich wollte er sich von der sittlichen Gefährdung einen genauen Überblick verschaffen, ist deswegen noch einmal zurückgegangen und hat lang und nachdenklich in die Höhe geblickt. „Schau, dassdi schleigsd", hat die Irmgard hinuntergerufen, „hosd gwies nunni gseeng, wäi mer Fensder budzd?!" „Wäi a Dreegsau Fensder budzd, hobbi nunni gseeng", antwortete der Gerhard und verzog sich.

Fünf Minuten später war der Kämpfer gegen die sittliche Verrohung allerdings schon wieder auf dem Posten und linste voll Abscheu nach oben. „Indressand, gell", sagte ein anderer Herr im Vorübergehen angesichts der Irmgard ihrer freiliegenden Rundungen, „daß am hellichdn Nammidooch scho der Mond aafgäid." Herr Gerhard S. murmelte daraufhin, daß er jetzt gleich wegen Unzucht am Fensterbrett die Polizei holt. Aber anscheinend war der Tatbestand der Unzucht noch nicht vollkommen erfüllt, denn der Gerhard setzte mit nach hinten geneigtem Kopf und einem fast schon steifen Hals seine Beobachtungen fort.

Aber plötzlich erfolgte nach dem Mondaufgang ein Wetterumschwung. Erst ging ein schwerer Regen vom ersten Stock nieder in Form von verdünntem Salmiakgeist und dann schlug am Kopf vom Gerhard dumpf ein Wassereimer auf.

Der Amtsgerichtsrat wollte wissen, ob die Irmgard immer ohne Höschen Fenster putzt. „Naa", antwortete sie, „blouß wenni grood kann Budzlabbn dou hobb." Trotz des erheblichen Verdachts, daß sie den ziemlich schweren Wassereimer mit Absicht in die Tiefe hat fallen lassen, wurde die Irmgard freigesprochen. Aber sie soll sich in Zukunft wärmer anziehen, wenn sie am Fensterbrett Vorführungen macht. „Jawoll", sagte sie. „Und wenni wass, daß der Siddnbollizisd dou widder vobbeikummd, nou dou i schdadds an Salmiaggeisd an heilichn Geisd in mei Budzwasser nei. Der brennd nedd suu arch in die Aung."

Der Flaschenwart von Lichtenhof

Die Entsorgung von Altmaterial ist in letzter Zeit etwas undurchsichtig geworden. Es gibt blaue Tonnen, grüne, braune, weiße Container, gelbe Säcke, pinkfarbene Speitüten, schwarze Mülleimer, lila Kleiderboxen, einige Recyclinghöfe, Deponien, Verbrennungsanlagen, Trennbehälter und Papierkörbe.
Die Sehnsucht vieler Bürger nach einer kommunalen Wegwerfpolizei, die sich in Joghurtbechern oder Konservendosen wie in ihrer Hosentasche auskennt, hat der Frührentner Horst K. für seinen Überwachungsbereich von Lichtenhof schon gestillt. Er wacht dort anscheinend Tag und Nacht vor einer jener malerischen Containersiedlungen für Flaschen und ist jetzt wegen schwerer Überschreitung seiner Befugnisse vor dem Amtsgericht gestanden.
Ein Herr Willi W. ist in einer Nacht von Freitag auf Samstag während eines größeren Kameradschaftsabends zu einer Zwischenentsorgung vor den Containern mit einem Handwagen erschienen, auf dem sich in einem Waschkorb ungefähr dreißig leere Flaschen aller Art befunden haben. „Iich will grood die erschdn Flaschn in des Luuch von den Kondäiner neischmeißn", berichtete der Willi im Zeugenstand, „und aff aamol schdäid a maskierder Moo mid anner Bollizeimidzn vuur mir."
Es handelte sich um den selbsternannten General der Lichtenhofer Einwegflaschen-Miliz Horst K., der sich wegen der Seuchengefahr im Containerbereich einen Mundschutz umgebun-

den und aus Autoritätsgründen eine alte Mütze aus seiner Ära als Stadionordner aufgesetzt hatte. „Momend amol", herrschte der Horst den Willi an, „iich glaab Sie kenner nedd leesn. Nach 22 Uhr werd dou ibberhabbs nix mehr neigschmissn. Wall wenn dou a jeder middn in der Nachd seine Bierfläschla brelln mecherd, daß die Laid bis in värddn Schduug aus die Beddn hebd – wou kummerdn mer dou hii!?"
Der Willi lauschte den Worten höchst interessiert und sprach dann: „Wassd wos? Legg mi aweng am Oorsch und louh mer mei Rouh." Und zerschmetterte eine erste Batterie von Sektflaschen laut klirrend in dem städtischen Entsorgungs-Iglu. „Edz is Schluß", brüllte der Horst dazwischen, „iich glaab, Ihner doud die Lufd nedd goud! In den Kondäiner g'herrd Grünglas nei, und des is lauder Braunglas! Und däi Flaschn wou'S grood neigschmissn hom, des is Weißglas, du Doldi. Edz nimmsd serfordd an Schdeggn odder wos und hullsd däi Flaschn widder raus!"
In diesem Moment holte der Willi aus seinem Waschkorb eine vom Verfalldatum längst eingeholte, halbgefüllte Ketchup-Flasche, schüttelte sie gut durch, hielt sie dem Horst vor die Nase und fragte: „Schauer'S amol, wou g'herrdn des Fläschla hii, Herr Blockward?" „Erschdns", schrie der zurück, „hobbi Ihner grood gsachd, daß edzer kanne Flaschn mehr neigschmissn wern." Aber zweitens fühlte sich der Nachtwächter doch einigermaßen geschmeichelt, weil sein Fachwissen gefragt war, nahm den Mundschutz ab und inspizierte die Flasche ganz genau.
„Nou hobbi", sagte der Willi vor Gericht, „befehlsgemäß des Käbserla vo der Flaschn wech, und nou is nern des ganze Kedschubb ins Gsichd neigschbridzd." Da sah der Flaschenwart in jeder Beziehung rot. Er schleuderte den Ketchup-Spritzer in den Waschkorb und zertrümmerte trotz des Nachtprellverbotes mehrere Flaschen Grün-, Weiß- und Braunglas auf seinem Kopf.
Wegen schwerer Körperverletzung wurde Horst K. zu vier Monaten Haft verurteilt. „Am besdn waärs", sagte der Zeuge Willi W. nach dem Urteil, „mer geeberd den Haichderla vier Monad Einzlhafd – und zwoor in sein gräiner Kondäiner drinner, ba die andern Flaschn."

Aus der Welt der letzten 1000 Jahre:

Aus Versehen tödlich

In einer wohlbeleumundeten Nürnberger Zeitung mit höchsten moralischen Ansprüchen können wir oft die Gedanken von einem der berühmtesten mittelfränkischen Leserbriefschreiber genießen. Es handelt sich um Herrn Dr. T. Der nur bei schwersten wissenschaftlichen Anstrengungen und höchstem Aufkommen von Genialität verliehene Titel eines Dr. zeigt uns, daß Herr T. zur geistigen Elite gehört.

In dieser Eigenschaft hat der von nahezu göttlichem Allwissen durchdrungene Mitteilungschreiber sich jetzt wieder einmal gravierende Gedanken über den Antisemitismus und den Ausländerhaß gemacht. Gemäß den Zeilen von Herrn Dr. T. in dieser Woche kann Deutschland schon wieder aufatmen. Denn in wunderbarer Weise gibt es den Ausländerhaß nicht. Er ist lediglich herbeigeredet worden und kann folglich auf Wunsch in nur einigen Minuten wieder fortgeredet werden.

Noch besser ist es mit dem Antisemitismus. Diesen gibt es nämlich, wie Herr Dr. T. glaubhaft versichert, schon gleich überhaupt nicht. Zu unserer aller Freude schreibt er: „Bei allen Anschlägen auf jüdische Gedenkstätten sind entweder die Täter nicht festgestellt worden, man kann also niemandem die Schuld zuschieben, oder es waren Kinder."

So wird sich jetzt die Nürnberger Justiz freuen, daß man die Ermittlungen gegen einige Hakenkreuzler, die angeblich antisemitisches Liedgut verbreiten, bereits wieder einstellen

kann. Diese Herren sind nur rein äußerlich erwachsen. Unter ihren angeklebten Bärten haben sich zwei Monate alte, vollkommen unschuldige Kindlein befunden. Sie waren so blutjung, daß auf ihren Köpfchen noch nicht einmal Haare gesprossen sind.
Woche für Woche ist in Nürnberg ein jüdischer Mitbürger am Telefon als Judensau anscheinend etwas unvornehm bezeichnet worden. Gemäß den umfassenden Ermittlungen von Dr. T. wird sich auch in diesem Fall von mutmaßlicher Unfreundlichkeit herausstellen: Der Anrufer mit der tiefen Stimme war ein stadtbekannter zweijähriger Stimmenimitator.
Oder jener unvorsichtige Mann in Wuppertal, den man für einen Juden gehalten und dann durch einige unvorsichtige Fußbewegungen aus Versehen zu Tode getrampelt hat – nie und nimmer ein Fall von Antisemitismus oder gar Gewalt. Der kleine Zwischenfall hat sich bekanntlich in einem Gasthaus ereignet. So werden die Zeugen dort wahrscheins mit schwersten Vollräuschen behaftet gewesen sein, und haben dadurch die Täter irrtümlich als zwei junge Männer beschrieben. Wir aber glauben fest an die unerschrockene These von Dr. T.: Zwei dreijährige Knäblein waren es, die ihre Kindergartenpause um Mitternacht geschwind zu einem kleinen Ausflug in das nahe Kinderwirtshaus genutzt haben. Und sind dann mit ihren noch unbeholfenen Beinchen über einen dort sich herumwälzenden Mann gestolpert, was natürlich unweigerlich zum Tode führen kann.
Brandsätze in Asylantenunterkünften? Erstens gibt es laut Dr. T. nachweislich keine Asylanten, sondern nur Scheinasylanten. Folglich sind die Unterkünfte Scheinunterkünfte und existieren nicht. Wie kann man also an etwas, das nicht existiert, einen Brandsatz hinschmeißen? Man kann es nicht.
Und das Umstürzen von doch einigermaßen schweren Grabsteinen auf einem fränkischen Judenfriedhof? Es war nach der festen Überzeugung von Dr. T. der Wind, der Wind, das himmlische Kind. Wind wird es auch sein, der die Gedanken des unerschrockenen Mahners und Leserbriefschreibers immer wieder verursacht. Danke Dr. T., daß Du von Zeit zu Zeit Deine Stimme erhebst, die von einem noch gar nicht gezeugten Kind zu stammen scheint.

Aus der Welt der Unterhaltung:

Die Podiumsdiskussion

Gemäß den neuesten wissenschaftlichen Erhebungen und Vertiefungen des Waffelbeck-Institutes für internationale Heißluftforschung finden im Raum Nürnberg-Fürth jeden Abend durchschnittlich 127,43 Podiumsdiskussionen mit namhaften Teilnehmern statt.

Man kann eine Podiumsdiskussion zu jedem beliebigen Thema veranstalten. Zum Beispiel haben wir in dieser Woche noch die Podiumsdiskussionen „Das Ameisensterben in der Südstadt – Ja oder Nein?", „Alkoholfreies Bier – Pro und Kondrauer", „Karla Forbeck oder Karla Zurückbeck – wohin geht die Nürnberger Kultur?" Um nur einen ganz kleinen Ausschnitt des örtlichen Podiumsdiskussionsangebotes zu nennen.

Häufig nehmen an solchen Podiumsdiskussionen auch Politiker und andere hochgestellte Persönlichkeiten teil, die abends in geselligem Kreis auf einem Podium gern einmal den einen oder anderen Schoppen zischen. Sie frappieren uns durch ihre fundierte Sachkenntnis, wie sie ohne mit der Wimper zu

zucken einen 89er Silvaner von einem Riesling Jahrgang 1991 unterscheiden können. Dieser Tage hat in der Altstadt eine Podiumsdiskussion stattgefunden zu dem irgendwie interessierenden Thema „Das allgemeine Wesen und seine ungeahnten Folgen im Rahmen der Richtlinien". Es hat dort eine erregte Diskussion geherrscht über die schwerste aller Problematiken bei Podiumsdiskussionen, nämlich ob man jemand ausreden lassen soll oder nicht.
„Meine Damen und Herren", hat dort einer jener bereits erwähnten namhaften Teilnehmer mit aller Deutlichkeit gesagt. „Momendamol!", hat daraufhin ein anderer namhafter Teilnehmer dazwischengebrüllt. Daraufhin wieder der erste: „Wos hasd dou Momendamol!? Loun'S mi biddschenn amol ausreedn. Iich hob Sie vuurher aa ausreedn loun."
Darauf hat ein dritter namhafter Teilnehmer geschrien: „Iich hob vuurhin aa nedd ausreedn derfn. Obber vieleichd derffi edzer amol ausreedn. Wall nemlich, des Broblem mid den Broblem dou, mid den Dings. Also jeednfalls hob iich des Rechd, dassi ausreedn derf."
Zu gleicher Zeit wollen oft zwölf, dreizehn Redner zum gleichen Zeitpunkt ausreden, und es vergeht diese Podiumsdiskussion mit ihrem erhabenen Gedankengut wie im Flug. Oft wird ein Podiumsdiskussionsredner von dem Ende der Veranstaltung derartig überrascht, daß er bei den abschließenden Worten des Gastgebers jäh aus dem Schlaf schreckt, die rautenförmig vor ihm angeordneten Fläschchen mit Mineralwasser, Multivitamin-, Apfel- und Weißdornsaft niedermäht und brüllt: „Derffi vieleichd edzer endli amol ausreedn!!?"
Manche Politiker besuchen in ihrem politischen Eifer mehrere Podiumsdiskussionen an einem Abend, was ihnen ihre Sachkenntnis auf allen Gebieten ohne weiteres gestattet. Sie brauchen in keiner Weise aufpassen, ob sie aus Versehen die Problematik der genetischen Veränderungen beim Riesenrammler mit der allgemeinen Überziehpflicht von Kondomen oder dem städtischen Wasserhaushaltsvolumen durcheinanderbringen. Sie müssen nur etwa alle zwanzig Minuten erregt aufspringen und brüllen: „Lassn'S mi hald biddschenn einmal ausreedn!" Und können dann schon wieder mit Gesang zur nächsten Podiumsdiskussion ziehen.

Die Steinbühler Ausdruckstänzerin

Bei runden Geburtstagen, 40jährigen Geschäftsjubiläen oder anderen niederschmetternden Ereignissen hat man sich in früheren Jahren die Hucke vollgetrunken, ist am Höhepunkt des Festes beim Ehrenwalzer im Dreivierteltakt in einen voll gedeckten Tisch hineingeflogen und hat sich dann in der Toilette, eingehüllt in den Abortdeckel, zur Ruhe begeben. Neuerdings stellt man an ein solches Fest noch höhere kulturelle Ansprüche. Zwischen dem letzten Wodka mit Feige und der ersten Kopfwehtablette auf Krankenschein pflegen eine Schlangentänzerin, eine orientalische Bauchwacklerin oder ein Show-Orgler aufzutreten.

Zum 50. Geburtstag des für seine Schamhaftigkeit berühmten Waschmittelvertreters Erwin W. hat der Stammtisch des Jubilars um Mitternacht eine Striptease-Tänzerin einschweben lassen. Der letzte Akt des Festprogramms hat am Amtsgericht stattgefunden, wo sich Anita W., die Ehefrau des Geburtstagskindes, wegen Störung einer Kulturdarbietung verantworten hat müssen.

Das Vorhaben von Erwin. W, auf jedes seiner 50 Lebensjahre einen Schnaps zu trinken, muß, gemessen am Zustand des im Wirtshaus umherkriechenden Jubilars, schon bis zur Hälfte in die Tat umgesetzt gewesen sein, als an diesem Abend ein riesiger Karton hereingeschoben wurde. Aus ihm entstieg zur Melodie „Hoch soll er leben” die berühmte Steinbühler Ausdruckstänzerin Gerda H. und drückte sich als erstes dadurch aus, daß sie aus ihrem Kleid schlüpfte.

Danach hatte die Gerda nur noch eine durch die Beine gefädelte Vorhangschnur an. Die Ehehfrau des Geburtstagskindes saß am Tisch hinter einem gebackenen Karpfen und wollte gerade sagen, daß es ein sehr schönes Fest ist und daß ihr Mausilein schon glücklich im siebten Delirium schwebt. In dem Augenblick umgürtete die Gerda das Haupt des am Boden umherkriechenden Erwin mit ihrer Unterhosenschnur.
Da schrie Anita W. mit vollem Mund. „Wos will nern däi Schnalln dou!? Iich glaab, iich schbinn! Dou deine Griffl vo mein Aldn wech! Schau blouß, dassd deine Fedzn baggsd und abhausd!" Eingedenk ihrer Gage tanzte die Gerda aber weiter, umgarnte den Erwin mit ihren zwei rythmisch wogenden rohen Klößen, und vom Kassettenrecorder ertönte immer noch das bekannte Striptease-Lied „Hoch soll er leben".
Dann machte die Ehefrau vom Erwin mit ihrem Räumungsbefehl ernst. Die Anita rüstete in ihrem Teller auf und schmiß der Tänzerin während einer sehr schwierigen Brückenfigur eine Handvoll Kartoffelsalat mitten ins Gesicht. Innerhalb weniger Sekunden folgte eine erneute Kartoffelsalat-Salve, eine halbe Zitrone und ein Tellerchen voll Endiviensalat. Als die Ausdruckstänzerin Gerda H. auf ihren marinierten Körper blickte, brüllte sie in Todesangst: „Hilfe – ich verbluude!" Worauf die Anita sprach: „Hald dei Waffl, alde Sau. Des is ka Bloud. Des woor der Roude Rüüm-Salood!"
Dann sprang die Anita die zu Tode erschrockene Stripperin an, stopfte ihr den angenagten Karpfenkopf in den Mund, und es ergab sich, immer noch zu dem Lied „Hoch soll er leben", ein interessanter Damenringkampf, an dessen Ende durch technischen k.o. auch die Ehefrau fast keine Kleider mehr anhatte. Während der Jubilar Erwin am Boden kurz aus seinem Delirium erwachte und angesichts der zwei entblößten Frauen lallte „Allmächd, glei zwaa aff aamol! Des baggi haid glaabi nemmer" und dann wieder einnickte.
Wegen Salatgarnierung, Beleidigung und Körperverletzung einer Ausdruckstänzerin wurde Anita W. zu einer Geldstrafe von 4000 Mark verurteilt. „Wenni des gwissd hädd", sagte die Angeklagte, „daß des suu deier is – fiir des Geld häddi dera Zumbfl aa nu des Fähnla vom Karbfn mid 12 Mark 40 draff in Oorsch neischdeggn kenner."

Die Geisterschreiberin

Franz Beckenbauer hat einen, der Schönlein hat zwei und der Pfarrer von St. Lorenz hat gar keinen, der muß sich seine Reden, beziehungsweise Predigten, selber schreiben. Der Ghostwriter oder Geisterschreiber ist ein der Öffentlichkeit unbekanntes Wesen, das dauernd schöne Geschichten dichtet, aber sich zu seinem Leidwesen im Dunkel der Anonymität befinden muß. Damit sein Chef mit den von ihm verfaßten Reden oder Geschichten umso heller glänzen kann.

Die Gostenhofer Ghostwriterin Elfriede M. wäre wahrscheinlich auch gerne im dunkeln geblieben, wo bekanntlich gut munkeln ist. Aber sie ist anläßlich einer Gerichtsverhandlung ans Licht der Öffentlichkeit gezerrt worden. Hauptberuflich ist die Geisterschreiberin Sekretärin bei dem Vermögensberater Rudolf W.

Außer in einem Arbeitsverhältnis hätte die Elfriede aber auch gern noch in einem weiteren, möglichst engen, Verhältnis zu ihrem Chef stehen wollen. Herr Rudolf W. war aber schon anderweitig gebunden, und er hat das Liebeswerben der Elfriede immer geflissentlich übersehen. Sogar dann, wenn sie sich mit einem tiefhängenden Pulli immer seufzend über ihren Schreibtisch gebeugt hat.

Dann hat die Elfriede in ihrer Not zur List des Geisterschreibens gegriffen und an die Lebensgefährtin ihres Chefs namens Brigitte einen hochinteressanten Brief verfaßt. In ihm ist gestanden: „Liebe Brigitte! Warum wäschst du dich nicht mehr regelmäßig? Warum hast du gelbe Zähne? Warum riechst du aus der Goschn? Wann putzt du deine Ohren wieder? Du wirst immer fetter. Mit einer Sau kann ich nicht auf einen Ball in die Meistertsingerhalle gehen. Es ist aus. Gruß, Rudolf."

Herr Rudolf W. erinnerte sich vor Gericht mit Schrecken an das Zusammentreffen mit seiner Lebensgefährtin. „Solche Schelln, Herr Vorsidzender", gab er am Amtsgericht zu Protokoll, „hobbi in mein ganzn Leem nunni gräichd." Anstatt mit einem fröhlichen „Grissdigodd Waggerla" hat die Brigitte ihren Freund mit den Worten begrüßt: „Dassd fei du nedd aweng ausn Maul schdingsd, du Wildsau, du elendiche!" Bei der ersten Watschn schrie sie dann den erstaunten Rudolf an : „Und däi is fiir die dreggerdn Ohrn." Und zu dem Schlag mit der prall gefüllten Handtasche in den nicht weniger prall gefüllten Unterleib vom Rudolf schrie sie : „Des is fiir die fedde Sau, du Aff."

Dann stopfte die Brigitte den Abschiedsbrief in den Mund ihres Bräutigams und rauschte mit den Worten „Asuu an Huusnbrunser wäi diich konni mer jeedn Dooch zehn ausn Debberlas-Kaddalooch vo der Hubfla rauszäing!" für immer davon. „Glaam'S mers, Herr Richder", sagte der Rudolf, „daß iich den Dooch fix und ferdich woor. Iich hob nemmer gwissd, wou oom und undn is."

Von gelben Zähnen, ungeputzten Ohren, Mundgeruch und einer fetten Sau hatte Herr Rudolf W. begreiflicherweise keinerlei Schimmer. Erst wie er den zerknüllten Brief mit den nicht so ganz feinen Vorwürfen las, und die Schreibmaschinenschrift erkannte, wußte er bescheid. Am Anfang hatte seine Sekretärin die Urheberschaft als Verfasserin bestritten. Aber wie ihr dann der Herr Chef fest versprochen hat, daß sie jetzt gleich die Schelln von der Brigitte übermittelt kriegt, war sie geständig.

Elfriede M. ist wegen Unterschriftenfälschung, Verleumdung und Anstiftung einer Tracht Prügel zu einer Geldstrafe von 1600 Mark verurteilt worden. Ob er, der Rudolf, wollte die Angeklagte nach dem Prozeß wissen, zur Versöhnung vielleicht nicht doch auf ein Glas Champagner geht. „Naa", sagte der Rudolf, „hexdns, wennsdi widder amol wäschd, deine Ohrn budzd und an Zendner abnimmsd. In mein Leem hobbi nu ka Sau beim Schambanjer-Saufn gseeng. Und suu a fedde scho glei goornedd."

Wie ein Vorgesetzter einmal die Wahrheit hörte

Die Wahrheit schmerzt manchmal sehr. Im Fall der zwei Lagerarbeiter Georg R. und Horst K. hat das Verkünden verschiedener wahrheitsgemäßer Äußerungen über ihren Chef, hinausposaunt in der U-Bahn zwischen den Haltestellen Maffeiplatz und Stadtgrenze, je ein geschwollenes Auge, einen abgebrochenen Zahn und eine starke Rötung der Backen hinterlassen. Der Lagerabteilungsleiter Herbert L. ist wegen Körperverletzung vor Gericht gestanden.

An einem Montagfrüh, für Wahrheiten aller Art sowieso ein ungünstiger Zeitpunkt, haben sich die beiden Lagerarbeiter über ihren Arbeitsplatz unterhalten. Weil Herr Georg R. am Maffeiplatz durch die vordere Tür in den U-Bahn-Waggon eingestiegen ist, Herr Horst K. durch die hintere Tür, ist dieses interne Dienstgespräch für alle anderen Fahrgäste gut hörbar gewesen.

Man hätte diese Unterhaltung auch im Radio oder über Lautsprecher am Hauptmarkt übertragen können. „Horch amol, Gerch", brüllte Horst K. durch den Waggon vor zu seinem Kollegen, „worum bisd nern du haid scho suu ball gfoohrn?"

Worauf es von vorn zurückgellte: „No unser Oberdoldi is doch haid widder ausn Urlaub zrigg: Wassders doch selber, wos lous is, wenn der Aff hinder der Diir lauerd und schaud, ob anner a Zehndlsekundn zerschbeed in die Ärwerd kummd. Däi dummgsuffne Wildsau, däi bläide."

Daraufhin plärrte hinten der Horst: „Dou hosd reechd. Iich glaab, irchndwann hauin amol deroordich aff die Waffl naaf, dasser si schbeid." In dem U-Bahn-Waggon war es bereits

mucksmäuschenstill, daß man die interessante Unterhaltung besser versteht. „Iich glaab", ließ sich in diese Stille hinein Horst K. ganz laut vernehmen, „iich glaab, daß der asuu a Oorschluuch is, des hängd mid seiner Gräiß zamm. Der mouß si mid sein Meeder fuchzich ja bam Bingln affer Schemerla draffschdelln." „Und dahamm", mutmaßte der Georg laut nach hinten schreiend, „dahamm hodd doch der Schleimscheißer aa nix zon soong. Wenn den sei Alde bfeifd, nou grabblder doch scho undern Diisch noo."
Ungefähr in der Mitte des Wagens sah man, wie sich bei diesen Worten ein etwas kleinerer Herr in seinen Mantelkragen hinein versteckte, im Gesicht weiß vor Wut war und sich auf der Stirn eine Zornesader bildete. Es handelte sich um den Schleimscheißer, Oberdoldi, Aff, Wildsau und Lagerabteilungsleiter Herbert L., der angeblich am Pissoir einen Schemel braucht und den seine zwei Untergebenen im Gedränge übersehen hatten.
Einige Zeugen dieses Gespräches hätten eigentlich schon am Plärrer aussteigen müssen, fuhren aber interessehalber noch einige Stationen mit, ob sich vielleicht noch was ergibt. Sie hatten sich vollkommen richtig entschieden, denn es ergab sich noch, daß Horst K. zu seinem Freund hinter schrie: „Däi Rachsau hodd vuur sein Urlaub fei gsachd, dasser mer meine Iiberschdundn nedd zoohln will. Des wenner machd, nou rennder in a Bäggla Schelln nei, dasser maand, sei Alde hodd nern midder Misdgabl kämmd!" „Nou fodz mern middernander", pflichtete der Georg diesem Vorschlag bei.
Es waren vorläufig die letzten Worte der beiden Lagerarbeiter. Der etwas kleinere Herr in der Mitte des U-Bahn-Waggons sprang rumpelstilzchenartig von seinem Platz, drängte sich durch die Zuhörer und watschte seine zwei Mitarbeiter hintereinander ab, daß am U-Bahnhof Stadtgrenze ein Sanitätswagen alarmiert werden mußte. Das Gericht schlug sich auf die Seite der Wahrheit. Abteilungsleiter Herbert L., der inzwischen gekündigt hat, wurde wegen Körperverletzung zu einer Geldstrafe von 6000 Mark verurteilt. „Dou siggsd amol", sagte der Horst danach zu seinem Kollegen, „daß mer scho wos erreing koo. Mer mouß blouß sei Maul weid gnuuch aafmachn."

Laßt Blumen sprechen

Nur festgeformte, moralisch und charakterlich stabile Menschen sagen ihre Meinung offen und belegen, ohne mit der Wimper zu zucken, ihren Gesprächspartner mit den Attributen Aff, Oberdoldi, Schleimscheißer oder mit noch besseren Anreden. Zu diesen Helden des richtigen Umgangstones gehört der freiberufliche Unkrautzupfer und Landschaftsgärtner Dieter S. nicht. Er hat sich gegen einen seiner Kunden, den Hausbesitzer Walter K., derart abgefeimter Mittel bedient, daß er wegen Beleidigung vor Gericht erscheinen hat müssen. Drei Tage lang hat dieser Dieter den Garten des Hausbesitzers richten sollen. Die Freude bei der Arbeit war nicht sehr groß, denn Herr K. ist ein Mensch, der seine Umgebung im rechten Winkel angelegt hat. Grashalme messen in diesem Garten auf den Millimeter genau zwei Zentimeter, Moos, Gänseblümchen oder Sauerampfer haben Aufenthaltsverbot, Blätter und Tannennadeln sollen bereits im Herunterfallen aufgefangen und sofort eliminiert werden. Bäume oder Äste, die ein bißchen krumm wachsen, haben ihr Leben verwirkt und fallen der Motorsäge anheim.

Die Einhaltung der geometrischen Gesetze in der Natur überwachen zwanzig Gartenzwerge und zwei röhrende

Plastikhirsche. „Wenni bam Rasnmäher", sagte der Dieter, „an vo seine Zwerchla aff die Seidn dou hob, nou hodder ganz genau aafbassd, dassin widder hiischdell. Und bam Heggnschneidn isser fei middern Lineal und an Winklmesser kummer und hodds nouchgmessn!"
Bei der ersten Brotzeit hat sich der Gärtner in den Rasen gesetzt. „Dou genger'S am Geschdeich naus zon Veschbern", brüllte Herr Walter K., „däi Bräiserla aff mein Rasn, des konni fei nedd hoom!" Die Samenkörner für die Gemüsebeete zählt der Hausherr seinem Gärtner einzeln in die Hand. Statt diesen ordnungsliebenden Herrn während eines kleinen Aufklärungsgespräches Kniefiesl oder Dibferlasscheißer zu nennen, schluckte der Dieter alle Befehle und sagte kein einziges Wort. Erst im Sommer kam die Rache des Landschaftsgärtners ans Tageslicht. „Des mäinser Si amol vuurschdelln, Herr Richder", brüllte Herr Walter K., „schau iich fräih zon Fensder noo, kummer dou aff aamol in den an Gmiisbeed suu glanne gräine Driebe raus!" Kleine, grüne Triebe seien eigentlich kein Straftatbestand. „Ja obber wäi däi angeordned gween sin", wurde der Walter erneut laut, „des is doch der Hammer gween."
Auch die Anordnung von kleinen, grünen Trieben spielte nach Auffassung des Gerichts keine Rolle. „So", schrie der Walter, „des schbilld ka Rolln, wenn der Verbrecher in mein Beed Ringlblummer oogsääd hodd, und zwoor in Buchschdoom-Form!?" Auch das Säen von Ringelblumen in Buchstabenform hielt der Amtsgerichtsrat für kein Verbrechen. „Obber däi Buchschdoom hom des Word Oorschluuch gebilded", unterbrach ihn der Walter, „in mein Garddn schdäid bridscherbraad affn Gmiisbeed draff, dassi a Drimmer Oorschluuch bin! Und den Radiesla-Samen, der wou dou neig'herrd hädd, den hodder aa underschloong."
Obwohl Herr Walter K. das aus Ringelblumen gewachsene Wort Arschloch vom Balkon runter fotografiert hatte und als Beweismittel vorlegte, ging der Gärtner straffrei aus, das Verfahren wurde eingestellt. „Iich hob Ihner", sagte der Dieter danach zu seinem Auftraggeber, „in Ihrn Rasn nei nu a Nachrichd gsääd. Obber däi gäid erschd im Herbsd aaf. Wenn'S fräih amol zon Fensder nausschauer und 'Huusnbrunser' leesn, nou wissn'S, daß die Herbstzeidlose aafganger sin."

»HOBBY ASTRONOMIE«
Wir beraten Sie...
"Die Venus sichd mer haid widder ganz wunderboor..."
"... ja Werner,
su scharf hobbis
nu nie gseeng."

Aus der Welt der Nachbarschaft:

Junikäfer vor Gericht

Es hebt jetzt das schöne Frühjahr an mit seinem Blühen, Sprießen, Hervorlugen und Tirilieren der Rasenmähmaschinen (12,5 PS, Heckauswurf, ABS, Air-Bag), daß uns das Herz aufgeht und die Trommelfelle platzen. Neben diesen Annehmlichkeiten bietet der Frühling dem städtischen Großgrundbesitzer aber auch wieder einiges Ungemach. Man kann es unter dem Stichwort Nachbarschaftsstreit zusammenfassen. Bekanntlich hat fast jedes noch so große Gartengrunstück die unangenehme Eigenschaft, daß sich an seinen Grenzen feindliche Nachbarn aufhalten, die darüber grübeln, wie sie ihren Anrainern das Leben in Feld, Wald und Flur zur Hölle machen können. Einer züchtet vieleicht Blattläuse, die eines nachts partisanenartig ausschwärmen und unsere Gewürzgurkenbäumchen überfallen. Andere haben ihre Tujahecke nicht im Griff, die bereits weit über zwei Millimeter auf unseren Grund herübergewachsen ist und ihre tödlichen Schatten wirft.

Milben, Kellerasseln, Ohrenhöhlerer, schamverletzende Nacktschnecken, Würmer aller Art, Kampfameisen setzen sich zu Abertausenden von den benachbarten Stellungen aus in Marsch und zwingen uns zur Strategie der maßvollen Vorwärtsverteidigung.

Eine fünfstündige Inbetriebnahme des Gartenhäckslers (Vierradantrieb, 500 Watt) und der Motorkettensäge oder ein flächendeckender Einsatz von Giftgaspatronen gegen Wühlmäuse hat oft schon Wunder gewirkt. Manchmal reicht es bereits, wenn man dem Nachbarn mit einer Präzisionsgambel (Eisenschusser, Kaliber 1 Pfund) die gerade angesetzte Bierflasche voll aus der Waffel schießt. Mit Glassplittern im Hals und von einer schweren Nervenlähmung befallen, wird er es sich in Zukunft genau überlegen, ob er noch einmal Tannenzapfen oder gar Bucheckern von völlig unvorschriftsmäßig gewachsenen Zweigen auf unser Grundstück herab brettern läßt.

Wer eine Rechtsschutzversicherung sein eigen nennt, soll auch nicht zögern, bei schwerwiegenden Grenzverletzungen, wie etwa dem grob fahrlässigen Wachstum von Zwetschgenbaumzweigen, das Nürnberg-Fürther Zivilgericht anzurufen. Wenn ein den Anforderungen eines Nachbarschaftsstreites in keiner Weise gewachsener Richter dort die verblödete These vertritt „Zweige haben von Natur aus die Eigenschaft, daß sie irgendwie wachsen", beschreiten wir sofort den uns verfassungsgemäß zustehenden Weg der zweiten, dritten, vierten fünften oder sechsten Instanz.

Auch am Bundesverfassungsgericht in Karlsruhe wartet man schon sehnsüchtig auf solche glänzenden Präzedenzfälle über rufmordende Mehlwürmer oder 0,0005 Dezibel zu laut schwirrende Windrädchen. Unvergeßlich wird den hohen Herren in Karlsruhe jener Fall aus Schniegling bleiben, wo ein unerschütterlicher, standhafter Gartenwart aus Schniegling seinen Nachbarn wegen unerlaubter Notdurft seitens einiger offenbar abgerichteter Junikäfer belangt hat. In detaillierter Millimeterarbeit hat ein amtlich beglaubigter Junikäfernotdurft-Gutachter die bisher unerforschte Darmflora der Junikäfer erstmals nachweisen können. Das explosive Beweismaterial befindet sich zusammen mit den Tätern in einer Streichholzschachtel und wartet auf seine gnadenlose Aburteilung.

Zögern Sie auch nicht bei Blütenflug, Laubbefall, Wildwuchs von Gänseblümchen oder der vorsätzlichen Beleidigung durch triebhaft erregte Gartenzwerge, die Polizei oder Staatsanwaltschaft anzurufen. Nur so können wir jenen Herrschaften das Handwerk legen, denen Sicherheit, Zucht und Ordnung im Garten scheint's ein Dorn im Auge ist und die glauben, daß ihre Teufelsgewächse und Bestien in unserer zivilisierten Welt was verloren haben.

Aus der Welt der Flurbereinigung:

Habe die Ehre, Altmühltal

Breite Bevölkerungsschichten, wie zum Beispiel Ministerpräsidenten, Bundespräsidenten oder Staatssekretäre, eröffnen heute unter großem Jubel unseren wunderbaren Main-Donau-Kanal. Im Lauf der Jahrzehnte sind neben Jubel natürlich auch hin und wieder kleine kritische Anmerkungen aufgetaucht. Aber sie werden heute beim Anblick des schönsten Wasserbettes der Welt endgültig verstummen.

Für dieses Verstummen hätte unser Innenminister nicht 1500 Polizisten aufbieten müssen, denn unser Kanal ist auch ohne Aufpasser über jeden Zweifel erhaben. Schließlich hat man für dieses herrliche Bauwerk jahrzehntelang nach einem geeigneten Standort gesucht und schließlich mit dem Regnitz- und Altmühltal die schönste Landschaft weit und breit gefunden, in die man so ein Naturmonument unauffällig einbetten kann. Mit einer Einfühlsamkeit, die ihresgleichen sucht, fügt sich das anmutige Großschiffahrtssträßlein bereits an seinem Ursprung bei Bamberg in die Ausläufer der Fränkischen Schweiz ein, windet sich vollkommen natürlich und kerzengerade über Hirschaid, Forchheim, Hausen, Erlangen, Kriegenbrunn und Fürth dem verträumten Nürnberg entgegen. Während der

Fahrt wechseln sich links und rechts Betonufer mit Betonufern ab. Manchmal erblickt der Schiffsreisende sogar noch die sonst eher seltenen Asphaltstreifen.
Wie mittelalterliche Fachwerk-Kleinode muten uns die zierlichen, grauen Schleusenwärterhäuslein von 30 Meter Höhe an. Erneut in einem schnurgeraden Verlauf, der in dieser Verspieltheit in der Natur nur noch beim Hochhausbau in Chicago vorkommt, dringt der Kanal über Leerstetten, Hilpoltstein nach Süden vor. Bei Pierheim erblicken wir die europäische Wasserscheide in Form einer hohen, wiederum sehr schön grau gehaltenen Betonmauer.
Danach befinden wir uns bereits, ohne es zu merken, auf der Altmühl. Ältere Naturfreunde unter uns werden sich vielleicht noch mit Grauen erinnern, wie gefährlich früher die reißende Altmühl auf ihrem Weg zur Donau hin war. Wieviele Wasserflöhe, Mucken und Eintagsfliegen sind von ihren schwarz dräuenden, gurgelnden Strudeln unbarmherzig in die Tiefe gerissen worden. Und wieviel Leid ist über betrunkene Paddelbootfahrer gekommen, die in ihr mit drei Promille umgekippt sind. Durch eine gewaltige Leistung der Diplomingenieure ist sie jetzt gezähmt, und keiner muß sich mehr vor den unheilbringenden Stromschnellen fürchten.
Einige Gartenteiche sorgen in dankenswerter Weise für die ökologische Vielfalt. Selbst Amseln, Tauben, Kellerasseln, Ameisen und Ratzen gibt es dadurch jetzt schon wieder in Hülle und Fülle. Von Brücklein, Mäuerlein, Highwaylein entlang dem lediglich 55 Meter breiten Kanalverlauf ganz zu schweigen.
Noch viele Vorzüge dieses einmaligen Wasserbehälters ließen sich aufzählen. Etwa, daß laut der Wirtschaftswissenschaft dort bald fast keine Schiffe mehr fahren. Und wir dann unbehelligt mit einem fröhlichen Ahoi auf den Lippen in den Urlaub ins Schwarze Meer fahren können.
Statt Ahoi können wir aber auch mit Viktor von Scheffel singen: „Zum Heilgen Veit von Waffelstein komm ich emporgestiegen / Und seh die Lande um den Main zu meinen Füßen liegen / Von Bamberg bis zum Grabfeldgau umrahmen Berg und Hüüüügel / die breite, stromdurchglänzte Au. Ich wollt mir wüchsen Schwimmflügel".

Auf Parkplatzsuche

In verschiedenen Wohnstraßen der Nürnberger Südstadt herrscht abends eine Parkplatznot, daß manche Autofahrer auf dem weiten Weg von ihrer Laternengarage bis zur Wohnung oft an drei bis vier Wirthäusern vorbeikommen und dadurch erst lang nach Mitternacht in die Obhut ihrer Ehefrau gelangen. Ein Opfer dieser weiten Wege war auch der städtische Angestellte Robert F., der einmal nach Auffinden eines Parkplatzes in der Galvanistraße vor lauter Not und Erschöpfung die Nacht in einer Telefonzelle in der Nähe seiner Wohnung in der Wodanstraße verbracht hat.
Seit diesem Vorfall hat seine Frau darauf bestanden, daß er in Zukunft abends immer sofort vom Geschäft heimkehrt und in unmittelbarer Umgebung der Wohnung parkt. Dieser eheliche Befehl und seine Folgen haben in eine Bagatell-Anzeige wegen Nötigung, Beleidigung, Hausfriedensbruch, Körperverletzung, Trunkenheit am Steuer und Widerstand gegen die Staatsgewalt gemündet. Herr Robert F. hätte sich mit dieser Anklage auch den Studenten der juristischen Fakultät in Erlangen als wandelndes Strafgesetzbuch zur Verfügung stellen können.
Schuld an dieser Misere war nach Meinung des Robert selbstverständlich seine Gemahlin. Frau Karola F. ist jeden Nachmittag ungefähr ab 15 Uhr am Fenster gestanden und hat nach einem freien Parkplatz gespäht. „Wenns an gseeng hodd", sagte der Robert vor Gericht, „nou hoddsersi hiigschdelld und suulang beleechd, bissi hammkummer bin." Sehr streng achtete Karola F. bei ihrer Parkraumbeschaffung auch darauf, ob ein Autofahrer in Lichtenhof heimisch ist. Falls nicht, hatte er sein Recht auf Parken schon verwirkt.

An einem Sommerabend ist der Robert wieder einmal auf Suchfahrt durch die Wodanstraße unterwegs gewesen. Oben am Fenster ist die Karola gestanden und hat hinunter geschrien: „Direggd vuurn Haus is doch a Bladz frei! A Schdund lang hobbin beleechd g'habd, obber nou hobbi widder raaf gmäißd, daß mer die Kaddoffln nedd oobrenner." Auf dem reservierten Parkplatz befand sich inzwischen aber schon ein grauer Mercedes. „Der mouß wech", brüllte die Karola zu ihrem Robert hinunter, „der hodd a Färdder Audonummer!"
Robert F. parkte sein Auto mitten auf der Straße und läutete im Haus Sturm. Seinen ins Treppenhaus hinauf geplärrten Worten „Der Moo aus Färdd soll serfordd sein Mazeedes wechfoohrn!" hörte man an, daß er trotz der Abmahnung seitens seiner Frau, wieder kurz im Wirtshaus war. Nach einer etwa halbstündigen Razzia meldete sich im dritten Stock in Gestalt des Erwin S. der Herr aus Fürth. „Mei Frau hodd gsachd", lallte ihn der Robert an, „daß Sie aff der Schdell Ihrn Scheiß Mazeedes wechfoohrn solln. Wall des is mei Bargbladz – sunsd wäärn nemli die Kaddoffln oobrennd."
Der Erwin verstand den Zusammenhang nicht ganz und machte die Tür wieder zu. Daraufhin läutete der Robert erneut, schmetterte nach dem Öffnen der Dame des Hauses die Tür auf den Kopf, ergriff den Erwin mit den Worten „Die Kaddoffln sin neibrennd, du Aff!" am Hemd und zog ihn die Treppe auf die Straße hinunter, wo er ihm befahl, sofort wegzufahren.
Als kurze Zeit später ein Streifenwagen hielt, schrie der Robert den Polizeiobermeister an: „Dou droomer am Fensder brennd mei Frau, der Doldi bargd aff mein Bladz mid seine Kaddoffln, ins Werzhaus derffi nimmer – und Sie Rimbfiech unternehmer nix!" Dabei würgte er den Polizisten leicht durch das blitzschnelle Zuziehen seiner Krawatte.
Wegen der bereits erwähnten Vergehen wurde der Robert zu vier Monaten mit Bewährung und einer Geldbuße von 8000 Mark verurteilt. Außerdem darf er ein Jahr lang nicht mehr autofahren. „Godzeidank", kommentierte der Angeklagte den Führerscheinentzug, „wall nou brauchd mei Frau oomds kann Bargbladz mehr beleeng, und es brenner kanne Bodaggn mehr oo."

Der Krieg der Automarken

In einer Zeit, wo man miteinander nur noch über das Fax-Gerät, den PC oder seinen Anwalt verkehrt, sind neben Hunden auch Autos die besten Freunde des Menschen. Früh, wenn sie nicht anspringen, spricht man frohlockend mit ihnen, jeden Samstag wäscht man sie an den intimsten Stellen, und besonders liebevolle Wagenbesitzer geben ihrem vierrädrigem Kameraden Kosenamen wie Bfobferla, Moppl oder Mucki III. Auch in philosophischen Fragen spielt das Auto eine große Rolle. Früher war jemand vielleicht Christ, Buddhist oder Anhänger der Lehre Epikurs, heute ist man VW-Fahrer, Opel-gläubig oder ein entschiedener Verfechter der tiefliegenden Nockenwelle bei Ford. Gern artikuliert man seine Glaubenszugehörigkeit auch durch einen entsprechenden Aufkleber im Rückfenster.
Diese Art von Missionierung ist dem bis in die äußersten Tiefen seiner Seele überzeugten VW-Fahrer Gustav K. zum Verhängnis geworden. Auf seinem Rückfenster haben die diskriminierenden Worte geprangt „Lieber laufen als Opel kaufen". Zum Amtsgericht hat sich jetzt der dichtende VW-Fahrer Gustav K. aber auch zu Fuß begeben müssen, denn sein Auto ist vorübergehend nicht mehr gebrauchsfähig gewesen.
Angeklagt war der seit Jahrzehnten der weitverbreiteten Sekte der Opel-Anhänger angehörende Willi S., der während einer kleinen Auseinandersetzung in der Innenstadt um einen Parkplatz mit Herrn Gustav K. ins Gespräch gekommen ist. Der Willi ist damals von diesem Parkplatz mit seinem Opel schon halb weggefahren, wie sich ihm rückwärts der VW des Gustav mit der Aufschrift „Lieber laufen als Opel kaufen" genähert hat. Er ist daraufhin ausgestiegen, hat die Wagentür vom Gustav aufgerissen und geschrien: „Sie Aff kenner mid ihrn Scheiß Brunskiibl weecher mir warddn bis scharz wern! Aff den Bargbladz foohrn Sie jeednfalls nedd nei! A VW – des is doch a Beleidichung fiir jeedn Bargbladz!" Danach hat er sich

wieder in seinen so schwer verunglimpften Opel gesetzt und in aller Ruhe Autoradio gehört.
Wie der Gustav vor der Windschutzscheibe aufgetaucht ist, hat der Willi die Intervall-Waschanlage betätigt, so daß der Volkswagenfahrer frisch geduscht worden ist, und er hat aus dem Auto heraus gebrüllt: „Gell dou schausd edzer rechd bläid. Asuu a subber Waschanlooch hodd dei gschissner VW nedd eibaud." Danach hat der leicht angefeuchtete Gustav die zwei Scheibenwischer nacheinander abgerissen und ganz genüßlich gesagt: „Edzer nidzder dei Waschanlooch aa nix mehr."
Die Straße war ein bißchen blockiert während dieser Auseinandersetzung, aber keiner der beiden Streithähne hat nachgelassen. Der Willi ist wieder ausgestiegen und hat danach folgende Rede gehalten: „Iich sooch Ihner edzer amol anns – iich bin scho Obbl gfoohrn, dou homs ba VW nu Seifnkisdla baud mid an Einmachgummi-Brobeller als Modor. Wenn Sie edzer nedd serfordd des Bläbberla mid dera schweren Beleidichung geecher Obbl wechmachn, nou kenner'S wos derleem."
Lang mußte der Gustav auf dieses Ergebnis nicht warten. Nur Sekunden später ist der Willi auf den Kofferraumdeckel gehupft, hat ihn durch einige Sprünge ziemlich platt gemacht und hat dann mit einem kräftigen Fußtritt die Heckscheibe eingeschlagen.
„Edzer häddn'S nemmer kummer braung", sagte der Willi zu der kurz darauf erschienenen Polizeistreife, „iich hob däi Beleidichung geecher die Firma Obbl an den Herrn seiner Heggscheim bereids endfernd."
Die Fußtritte gegen den VW-Konzern kosteten dem Opel-Fahrer Willi S. jetzt aber eine Geldstrafe von 1200 Mark und einen dreimonatigen Führerscheinentzug. Der Amtsgerichtsrat erwähnte im Urteil, daß der mit 8000 Mark Schaden bezifferte Vandalismus des Herrn Willi S. eine durch nichts zu gerechtfertigende Überreaktion gewesen wäre. „Dassi fei nedd lach", sagte dazu der Willi, „achdausnd Marg Schoodn baran VW, den wousd heizerdooch scho in Wunderdiidn nouchgschmissn gräigsd. A Schoodn is hexdns, dassi des Blechaamerla mid Räder droo nedd ganz eigschdambfd hob."

Der Sieger im Zementsackwerfen

Die Anziehungskraft der Erde, die mit zunehmender Höhe immer schmerzhafter werden kann, ist an sich nicht strafbar. Sonst müßten sich unter anderem auch täglich Tausende von städtischen Tauben wegen fahrlässiger Körperverletzung vor Gericht verantworten, wenn ihre vom Sinwellturm oder von der Lorenzkirche fallengelassenen Geschosse infolge dieser Anziehungskraft auf den Köpfen der Passanten schmerzhaft aufprallen.

Auf den Bilanzbuchhalter Heinrich F. ist an einem arbeitsreichen Tag im Dezember ebenfalls ein Geschoß herabgeprallt. Allerdings nicht von einer Friedenstaube auf der Lorenzkirche, sondern von den Schultern des Maurermeisters Willy E. Auch dieser Willy hat für dieses Mißgeschick vor Gericht die Erdanziehung sowie die ihm angeborene Höflichkeit verantwortlich gemacht.

Für die teilweise Einzementierung des Heinrich hat sich der Willy jedenfalls überhaupt nicht zuständig gefühlt. Seine Unschuld faßte er vor den Schranken des Amtsgerichts in dem Satz zusammen: „Suwos konn doch immer amol bassiern, Herr Richder."

An dem Tag, wo es wieder einmal passierte, hat der Heinrich vor einem Hauseingang mehrere Säcke Zement abgeladen. Wie er mit dem Schleppen der zentnerschweren Säcke fast schon fertig war, ist hinter ihm plötzlich der knapp einen Meter fünfzig kleine Bilanzbuchhalter hergewieselt und hat in einem Anfall von Heroismus an dem zwei Meter hohen Maurermeister hinaufgebrüllt: „Wenn'S nedd serfordd mid Ihre Zemendsägg

dou aafheern und Ihr Scheiß Audo vuur meiner Garaasch wechfoohrn, nou kenner'S wos derleem, Masder!"
Zunächst erlebte der Heinrich etwas. „Ja wos willi denn machn", sagte der Willy vor Gericht in Umkehrung der Größenverhältnisse, „wenn asuu a Gleiderschrank vonnern Moo miich ooschreid, dassi mid meine Zemendsägg aafheern soll? Des woor ja direggd eine Drohung, Herr Richder. Iich hob direggd bibberd vuur Angsd. Und nou hobbi nerdirli serfordd aafg'heerd."
Durch das sofortige Aufhören glitt der Zentnersack Zement von der Schulter des Maurermeisters und prallte durch die physikalisch schon erwiesene Erdanziehungskraft einen halben Meter tiefer direkt auf den Kopf des überraschten Buchhalters und platzte dort mit einer dumpfen Explosion auf.
Als sich das dichte Zementgestöber etwas gelegt hatte, war der Heinrich ziemlich grau im Gesicht. Der Willy lud sich indes draußen im Auto schon wieder einen Sack auf die Schultern. „Bleim'S serfordd schdäih!", schrie ihm der Heinrich hinterher. Aber man verstand es kaum, weil der Schnellzement in seinem Mund schon ein bißchen angezogen hatte. Daß er die Polizei alarmiert, brüllte der Heinrich, während aus seinem Mund stoßweise kleine Zementwölkchen herauskamen. „Und wäis der Zufall will", sagte der Willy, „fläichd mer genau in den Aungbligg glei numol a Sagg roo. Widder direggd aff den sein Kubf und bladzd aaf. Die Gwalidääd vo die Zemendsägg is aa nemmer des, wos amol woor."
Wieder rieselte leise der Zement über den Bilanzbuchhalter, sein Hirn war leicht erschüttert. Danach soll der Willy zu ihm gesagt haben: „Des soochi der – wennsd die Bollizei hullsd, nou schiddi der an Aamer Wasser driiber! Nou kenner die Bolli mid an frisch zemendierdn Zaunbfosdn verhandln."
Trotz inständiger Beteuerung seiner Unschuld wurde der Maurermeister Willy E. nach Paragraph 230 Fallgesetz wegen Zementsackwurf in zwei Fällen zu einer Geldstrafe von 2400 Mark verurteilt.
„Also goud", sagte der Willy nach dem Urteil, „nou wer iich edzer den Moo aa oozeing. Zwaa Sägg aafschlidzn middn Kubf und in halberdn Zemend wechfressn – des mou mer si doch wergli nedd gfalln loun."

Die Polonäse durch den Kartoffelsalat

Überregional sehr berühmt sind Nürnberg-Fürther Faschingsbälle, die in ihren Ausschweifungen oft an Sodom und Gomorrha, Rio de Janeiro oder an Rothenburg ob der Tauber erinnern. Noch wilder sind die in Gasthäusern immer wieder gern veranstalteten Kappenabende. Sie beginnen meist mit einem furiosen Aufsetzen der lampionartigen Papierkappen und enden mit dem Abnehmen derselben. Dazwischen liegen an die 15 Biere und einige Sechsämter.

Im Fall des Kappenabendbesuchers Gerhard S. aus Johannis hat es mit einer ebenfalls sehr beliebten Polonaise Blankenese geendet, die an sich nicht in Johannis, sondern in der Nähe von Hamburg beheimatet ist. Eine Polonaise Blankenese mitten im Stadtteil Johannis zeugt vom kürzlich auch durch einen örtlichen Parteiführer hervorgehobenen internationalen Flair Nürnbergs.

Für Gerhard S. hat diese Polonaise außerdem davon gezeugt, wie unbeirrbar manche Kappenabendteilnehmer ihren Weg gehen, selbst wenn man ihnen bis zu zweieinhalb Zentner schwere Knüppel zwischen die Beine wirft. Die Polonaise Blankenese hat vor dem Amtsgericht geendet.

An dem ihr zugrunde liegenden Kappenabend haben insgesamt vier Personen, der durchschnittlichen Besucherzahl eines solchen Festes, teilgenommen. Unter ihnen auch der selbständige Vermögensberater Paul P., der nach zwei Stunden Schlaf durch das bekannte Lied „Jetzt geht sie los, die Polonaise, von Blankenese bis nach Wuppertal" geweckt worden ist. „Ner ja", erinnerte sich Paul P., „nou hommer si hald alle der Reiher nouch hiigschdelld und sin in dera Bolonäse durchs Werzhaus marschierd. Nerblouß der Moo dou hodd nedd miidgmachd, der verschdäid scheinds kann Schbass."

Bei diesem zu keinerlei fränkischem Frohsinn aufgelegten Herrn handelte es sich um Gerhard S., der in diesem Moment eine Currywurst mit Kartoffelzement zu sich nahm und nicht gestört werden wollte. Schon nach der ersten Runde durchs ganze Lokal marschierten die anderen drei Kappenträger mit einem wohltönenden Gesang auf den Lippen, der bis zur Stadtgrenze zu hören war, über den Tisch, an dem Gerhard S. saß. „Däi sin", erinnerte er sich mit Entsetzen, „middn durch mei Körriworschd durchgloffn und durchn Kaddofflsalood." „Ihr schbind gwiss aweng", schrie der Gerhard noch, „mei Körriworschd is doch ka Gehschdeich! Dousd edzer dein Fouß ausn Kedschubb raus!" Dann kippte er mit dem Stuhl nach hinten ab, und die Polonaise ging über ihn drüber. Gerhard S. wiegt rund 125 Kilogramm. Die kleine Marschkolonne mußte also beim Weg über seinen Bauch eine ziemliche Steigung überwinden. „Und bissi mi aafrabbln hob kenner", sagte Gerhard S. vor Gericht, „sins scho widder iiber mich driibergschdieng."

Wie oft sie über ihn gewandert wären, wollte der Richter wissen. „Des wassi nimmer genau", sagte der Paul, „obber fuchzeha mol suwos hommer des Lied scho driggd in der Box. Und suu lang wer mer aa marschierd sei. Fasching is Fasching, Herr Richder."

Wegen widerrechtlicher Nutzung des Gerhard S. als Hauptverkehrstraße in Tateinheit mit Einstampfen einer Currywurst wurde der Paul zu einer Geldstrafe von 1700 Mark und seine beiden Mitläufer zu 50 Stunden Arbeitsdienst in einem gemeinnützigen Wanderverein verurteilt. „Derbei", sagte der Paul nach dem Urteil, „is des hardde Arbeid gween, dauernd iiber den sei Wambn driiberlaafn. Mid an suu an Buggl als Bauch sollerd mer si normool a Rolldrebbn eibauer loun."

Aus der Welt des Reisens:

Nürnberger Krampf . . .

Viele Jahrzehnte hat der legendäre Wirtschaftsraum Nünberg schwer darunter leiden müssen, daß über ihn der Nebel der Unwissenheit ausgebreitet war. Schon kurz hinter der Autobahnausfahrt Aurachtal oder entlang der Linie Thalmässing – Hilpoltstein hat kein Schwanz was von den wohltuenden Auswirkungen des Wirtschaftsraumes Nürnberg gewußt.
Zwei im Weckla und Lebkoung, zwei wesentliche Eckpfeiler des Wirtschaftsraumes Nürnberg, haben in anderen Weltstädten nur Kopfschütteln beziehungsweise ausgebissene Zahnprothesen hervorgerufen. Der ebenfalls in Nürnberg beheimatete Lachsack leidet seit Jahren unter Absatzschwierigkeiten, und auch die von Peter Henlein erst vor 500 Jahren konzipierte Sprungfeder-Taschenuhr will niemand mehr kaufen.
Jetzt endlich soll sich aber wirtschaftsraummäßig alles zum Guten wenden. In dieser Woche sind örtliche Politiker und Unternehmer auf eine Entdeckungsreise nach Asien aufgebrochen. Für nur 25 000 Mark pro Person mit Vollpension erforschen die mittelfränkischen Abenteurer 14 Tage lang, ob sie den Ruf von Nürnberg, Fürth, Erlangen und Schwabach

eventuell auch in jene fernen, weitgehend noch unentdeckten Länder jenseits des Moritzberges tragen können, damit hierorts wieder die Geschäfte brummen.
Welchen Sinn hat so eine Weltreise, fragt sich jetzt vielleicht der kleine, unwissende Mann aus der Südstadt? Sie hat einen vielfältigen Sinn. Erstens macht das mit der Fahrt ins Ungewisse, Blaue beauftragte Reisebüro einen gepflegten Umsatz und belebt dadurch schon den Wirtschaftsraum Nürnberg aufs Schärfste.
Zweitens wird sich die Delegation, wie man hört, um neue Kontakte in China, Thailand, Taiwan bemühen. Dabei handelt es sich höchstwahrscheinlich um geschäftliche Kontakte, für die es etwa in Bangkok eigens zahlreiche Kontakthöfe gibt. Der eine oder andere Politiker wird vielleicht zwischen Singapur und Taipeh geschäftliche Kontakte in den Duty-Free-Shops knüpfen und reich beladen mit Parfüm, Zigaretten und Krokotäschchen und mit den Worten „Iich hob fei nix zon Oomeldn" bei der Ankunft im Wirtschaftsraum Nürnberg die Zollkontrolle durchschreiten.
In Hongkong wird ein örtlicher Delikatessenhändler noch jahrelang von einem schweren Kontaktgespräch bei Reisschnaps und Kartoffelbier mit der Nürnberger Wirtschaftsdelegation schwärmen und darüber grübeln, ob er aus jenem fernen Wirtschaftsraum im Westen Plessack, Blatwulst und Sauelklaut importieren soll.
Ein Raunen wird auch durch die fernöstlichen Unternehmer gehen, wenn ihnen echte Nürnberger Spielwaren zum Vertrieb angeboten werden mit dem Aufdruck „Made in Hongkong", die den Ruhm unserer Stadt hinterm Mond ins Land der Morgenröte tragen sollen.
Es sei zuletzt noch darauf verwiesen, daß durch so schöne Reisen unsere Politiker endlich wieder einmal hinaus an die Luft kommen und dann nach ihrer Rückkehr gestählt und frohgemut darüber nachdenken können, wo man zum Wohl des Gemeinwesens den nächsten Kameradschaftsurlaub plant. Vielleicht einmal in Las Vegas, Los Angeles oder im sonnigen Florida, wo man an kilometerlangen Stränden auch sehr gute Kontakte im Sand der wie endlos wogenden Dünen knüpfen kann.

Aus der Welt der gespreizten Finger:

Forellenmus, hausgebeizt

Da jedermann am Gänsberch, in Gostenhof, Muggenhof, Thon, Feucht, Ochenbruck oder Schwabach Land zur Zeit überhaupt keine anderen Sorgen hat, als daß er sorgfältig auf die Finesse der örtlichen Feinschmecker-Gastronomie achten muß, kommt uns das Erscheinen des neuen Restaurantführers „Gault Millau 1994" mit seinem wieder einmal voll gelungenem Kapitel über fränkische Wirtshäuser gerade recht.

Mag vielleicht der eine oder andere momentan rumrennen und infolge einer kleinen Arbeits-, Mittel- oder Obdachlosigkeit nicht wissen, ob er abends überhaupt was zu Beißen kriegt – auch ihn wird es über das alltägliche Magenknurren hinaus dringend interessieren, ob etwa in einem Gasthaus namens Essigbrätlein das Streben nach geschmacklicher Harmonie und raffiniert-akzentuierter Würze vorherrscht. Nur durch die aufmerksame Lektüre des Gault Millau erhalten wir die beruhigende Auskunft: Es herrscht dort was Raffiniert-Akzentuiertes vor.

Dieses Sach- und Lachbuch namens Gault Millau, das als höheren Sinn und Zweck einen gediegenen Ladenpreis von 52 Mark vorweisen kann, enthält zur Hebung unseres Magensäure-Spiegels aber noch viel mehr Heiteres und Nachdenk-

liches als die raffiniert-akzentuierte Würze im Nürnberger Essigbrätlein.
Zum Beispiel, daß dem Verfasser und unermüdlichen Speisentester im Nürnberger Gasthaus Arve das soufflierte Lammcarree ein bißchen zu geschmacksneutral erscheint, daß ein Gugelhupf von hausgebeiztem Lachs mit Forellenmus und Taubenbrüstchen einem aber geschmeidig durch die Speiseröhre perlt und vorbildlich ist. Uns erscheint, daß das hausgespreizte Hirnmus dieses Herrn ebenfalls vorbildlich ist und jederzeit zum kostenlosen Eintritt in die Erlanger oder Ansbacher Psychiatrie berechtigt.
Vor allem, wenn er weiterhin öffentlich behauptet: „Das superzarte blutige Taubenbrüstchen kommt mit zart-knackigen Karotten und jungen Zwiebeln auf den Teller und ist schlicht perfekt in der Zubereitung." Um dann, mit einem Bein schon fast in der Hupfla, fortzufahren: „Die Variation von Rhabarber und Erdbeeren besticht vor allem ob der Qualität der Früchte."
Wir möchten der Vollständigkeit halber noch hinzufügen: Die Variation von Gschmarri und Gwaaf in diesem Reiseführer für Gourmets besticht vor allem ob der Qualität des Vollpatschers ihres Verfassers.
Dieser Herr teilt uns noch vertraulich mit, wie ein Carpaccio von Angusfilet mit Balsamico und Parmesan hinunterperlt, daß ihm ein beim Bammes in Buch serviertes Kalbsfilet doch eine Kleinigkeit zu anonym war – wahrscheinlich hätte er gern Vor-, Nachname und neue Postleitzahl von dem Kalbsfilet gewußt – und daß ihm individuelle Highlights dort abgehen. Bei Durchsicht des Gourmet-Führers geht uns auch manchmal etwas ab.
Manchmal befällt uns auch der Eindruck, daß uns Herr Gault Millau auf den Arm nehmen will. Vor allem, wenn er fordert, daß die Küche von einem fränkischen Wirtshaus intellektuell-kreativ sein soll. Andereseits: Wenn man Tag und Nacht und zentnerweise Auberginenlasagne, Langostinos mit Orangenöl auf Glasnudeln, Loup de Mer auf Rosmarinbutter oder gar ein superb abgeschmecktes Auberginenpüree fressen muß, dann kann man davon irgendwann schon einmal ganz wirr im Kopf werden. Hoch lebe der Kloß mit Soß! Auch wenn er intellektuell-kreativ ein wenig zu wünschen übrig lassen sollte.

Das Hosen-
mißverständnis

Die Blütezeit des Herrenkonfektions-Verkäufers gehört der Vergangenheit an. Jene Epoche, wo der meist nach Art des Herrn Bundespräsidenten gekleidete Fürst der Dampf-Bügelfalte mit dem Kassabuch unterm Arm und einigen Ladenhütern im Gefolge Seine Majestät den Kunden feierlich zur Umkleidekabine geleitete und diesem dann, wenn er mit einer etwa 100 Zentimeter zu langen Hose wieder herausstolperte, aufmunternd zuraunte: „Besser kennds goornedd bassn. An der Kasse, der Herr dann bidde."
Heute gibt es diese Star-Verkäufer also nicht mehr, der Kunde sucht höchstpersönlich aus und probiert Jacken, Hosen, Hemden oder Unterhosen meist im Schutz eines Kleiderständers oder seiner Ehefrau. Diese Verkaufsmethode ist neben vielen anderen Vorteilen auch wesentlich abenteuerlicher, wie der Freizeithosenkäufer Emil D. vor dem Amtsgericht bestätigen konnte.
Er hatte in einem der zahlreichen Jeans-Shops, auf denen die Wirtschaftspolitik der Stadt gegründet ist, hinter einem T-Shirt-Regal seit einer Stunde etwa zwanzig Hosen anprobiert. „Entweeder", erklärte er dem hohen Gericht jetzt, „woorns am Hindern zu eng odder an die Baaner zu lang."
Seine Ursprungshose hatte der Emil über einen Bügel am Hosenständer gehängt. Nach seinem Entschluß, keine Hose zu

kaufen, befanden sich seine eigenen Jeans allerdings nicht mehr auf diesem Kleiderbügel. „Schdrümbferds, Underhuusn oo und es Hemmerd driiber", sagte er, „bin der iich in den Dschiens-Schobb ummernandergrennd. Obber mei Huusn woor fordd." „Rein zufällich", fuhr er fort, „schau iich in meiner Verzweiflung an die Kasse hii – schdäid dou a Moo mid meiner Huusn in der Händ und will grood zoohln."
Es handelte sich um den Gemüsehändler Manfred S., der ebenfalls lange nach einer in Hinternbreite und Beinlänge passenden Hose gesucht und sie schließlich in Gestalt der Jeans vom Emil gefunden hatte.
Blitzschnell schlüpfte also der nur mit einer knappen Feinripp-Unterhose bekleidete Emil in eine viel zu lange Jeans, hüpfte in känguruhartigen Sprüngen zur Kasse, prallte dort wegen der Überlänge seiner Leih-Hose auf den Boden auf und brüllte noch im Liegen den Manfred an: „Dou sofordd mei Huusn her, sunsd gnallds!" Gleichzeitig grapschte er entschlossen nach seiner Jeans.
Um diese bereits gebrauchte Hose mit der optimalen Paßform für ältere Herrn, entbrannte sodann ein erbitterter Kampf. „Iich hob", erinnerte sich der Emil, „däi neie Huusn scho widder auszuung g'habd, bin mid an Baa bereiz in meiner eichner Huusn drinner gween – und nou zäichds mer der Moo widder roo, daß mi middn Hinderkubf an die Kasse hiidunnerd hodd."
Schließlich hatte der Emil seine Hose erneut im Besitz, da entriß sie ihm der Manfred wieder mit den Worten: „Dir werri der glei halmi naggerd rumrenner und andere Laid die Huusn wechnehmer!" und haute sie seinem Kontrahenten mehrfach um die Ohren. Daraufhin fiel der Emil in eine kurze Ohnmacht.„Des woor nou endgildi der Beweis", sagte er, „daß des mei Huusn gween is. Wall däi schwere Gehirnerschidderung hobbi vo den groußn Schlisslbund gräichd, der wou in meiner Huusn godzeidank nu drinner gween is."
Der Manfred wurde wegen Körperverletzung mit einem durch eine Fremdhose getarnten Schlüsselbund zu einer Geldstrafe von 800 Mark verurteilt. „Wenn des suu is", sagte der Manfred, „nou mecherdi amol den Moo sein Waffnschein fiir sei Huusn seeng."

Der Wirbelsturm am Rücksitz

Das dröhnende Entweichen menschlicher Geräusche gilt in besseren Kreisen als grobe Zuwiderhandlung gegen die allgemeinen Tischsitten und wird meist durch vorwurfsvolles Ignorieren geahndet. Im Fall des Maler- und Tapezierermeisters Horst B. ist es schärfer bestraft worden. Er hat infolge immenser Druckluftvorräte im Magen- und Halsbereich den Taxifahrer Georg F. derartig verunglimpft, daß es in zweiter Instanz vor das Amtsgericht gegangen ist.

In erster Instanz hätte der Tapezierer wegen Verursachen eines Wirbelsturms in einem geschlossenen Auto 600 Mark per Strafbefehl zahlen müssen. „Wenn iich gsundheidlich nedd ganz aff der Häich bin", sagte der Horst vor Gericht, „wiesuu mouß mer nou sechshunderd Marg zoohln? Des is doch a Gschmarri, Herr Richder, odder?" Herr Horst B. hatte also gegen den Strafbefehl Widerspruch eingelegt.

Er hat in jener dem Wirbelsturm zugrunde liegenden Nacht eine größere Menge Hefeweizenbier getrunken, das bekanntlich sehr viel Kohlensäure enthält. Diese Kohlensäure drängt gemäß den Ausdehnungsgesetzen von Gas zu einem bestimmten Zeitpunkt ins Freie. Beim Horst war dieser Zeitpunkt erreicht,

als er am Rücksitz des Taxis vom Georg wie in einem Himmelbett lag und gerade noch „Maddschas" lallen hatte können. Es hatte bedeuten sollen, daß der Horst und sein Vollrausch in die Marthastraße gebracht werden wollten.
Kurz darauf bat der Georg seinen Fahrgast, daß er sich angurten soll. „Nou hodd der ", sagte der Taxifahrer, „als Andword einen Rülbser losgloun, daß mer ball mei Midzn vom Kubf gwehd hodd, und nocherdla hodder gschriea 'Sie hörden das Bausnzeing vom Bayerischn Landfunk'." Von da an mußte der Horst fast jede Minute dröhnend aufstoßen und jedesmal brüllte er danach: „Sie hörden das Bausnzeing vom Bayerischn Landfunk!"
„Horch amol, Masder", antwortete nach etwa zehn kräftigen Rülpsern der Georg nach hinten, „es is aans vobbei. Der Bayerische Landfunk hodd edzer Sendebause." Kaum hatte er seinen Vorschlag ausgesprochen, röhrte es vom Rücksitz schon wieder, wie wenn der Horst einen Verstärker im Hals hätte. Und wieder sprach der Intendant des Bayerischen Landfunks: „Sie hörden das Bausnzeing vom Bayerischn Landfunk."
In der Marthastraße wollte der Georg sechzehn Mark Beförderungsgebühr. Die gelassene Antwort auf diese Forderung waren ein gesegneter Hefeweizen-Rülpser und die nicht mehr neuartigen Worte: „Sie hörden das Bausnzeing vom Bayerischn Landfunk." Der von dem Taxichauffeur alarmierten Polizeistreife antwortete Horst B. mit zwei Rülpsern. Auch diese zwei Entgleisungen aus dem Hals erläuterte er: „Sie hörden das Bausnzeing des Bayerischn Landfunk."
Als der Pausenzeichensprecher nach seinen Personalien gefragt wurde, wußten die Beamten die Antwort schon: Ein feistes Rülpsen und „Sie hörden das Bausnzeing des Bayerischn Landfunk."
Wegen Aufstoßens gegen die Staatsgewalt und Taxigebührenprellerei wurde die Strafe jetzt erhöht, und der Tapezierermeister Horst B. muß 800 Mark zahlen. „Glaam'S des Herr Richder", sagte der Taxifahrer nach dem Urteilsspruch, „iich hob haid nu Albdräum vo den seine Rülbser. Wäi a Kouh hodd der dou, wou an Hedscher, Schwindsuchd und Keuchhusdn aff aamol hodd." Daraufhin mischte dich der Angeklagte in das Gespräch mit den Worten: „Sie hörden den Bayerischn Landfunk."

Der Mißbrauch einer Visitenkarte

Eine Visitenkarte ist eine sehr angenehme Einrichtung. Man kann auf ihr je nach Druckauflage der gesamten oder halben Menschheit mitteilen, daß man einen Professorentitel hat, verschiedene Doktorentitel und Ehrenämter. Papier ist geduldig. Ein bisher unbekannt gebliebener Autofahrer hat eine Visitenkarte für einen noch besseren Zweck verwendet. Er hat im Zustand pathologischer Unzurechnungsfähigkeit draufgekritzelt: „Sie Arschloch von einer Parkplatz-Rachsau! Die Delln im Kotflügel is von mir. Wenn Sie noch Delln im Kopf haben wollen, melden Sie sich, Sie Wildsau!"
Diese majestätischen Worte müssen an einem Montagabend verfaßt und unter die Scheibenwischer des Autos des selbständigen Handlungsreisenden Gottfried K. geklemmt worden sein. Bereits am Dienstag hat dieser Gottfried K. an der Haustür eines Walter B. geläutet, dem schriftlich ausgewiesenen Inhaber der Gruß-Visitenkarte.
Die anschließenden Mißhandlungen an Walter B. haben vor Gericht verhandelt werden müssen, denn er hat von Delln am Kotflügel, am Kopf, von Arschloch, Rach- und Wildsau keinen Schimmer gehabt.

Als Walter B. an diesem Dienstagabend auf das Sturmläuten geöffnet hatte, stand ein ihm völlig unbekannter Herr in der Tür, hielt ihm eine Visitenkarte vor die Nase und brüllte: „Is des dei Fissiddnkarddn?!"
Der Walter las die Karte, identifizierte sie wahrheitsgemäß als seine und wollte gerade sagen „Ja, des is scho mei Fissiddnkarddn, obber...", da erhielt er bereits die erste schallende Ohrfeige. Und im Gefolge der Schelln schrie der Gottfried: „Dir werri der glei a Delln im Kubf und im Koodfliigl geem! Iich schdell mei Audo hii, wäi iich will. Des mergsder!"
Als Walter B. die zweite Schelln erhielt, wußte er immer noch nicht, wovon die Rede war. Auch hatte er keinerlei Kenntnis davon, daß auf Verteilen einer Visitenkarte die Prügelstrafe steht. „Iich hob scho", sagte der schwer geschädigte Zeuge vor Gericht, „an ganz gschwollner Kubf vo den seine Schelln g'habd, bissin zwischer zwaa Waadschn gschwind ergläärn hob kenner, daß däi Schrifd aff dera Fissiddnkarddn nedd mei Handschrifd is."
Als auf den Alarm der Ehefrau des Walter B. die Polizei kam, konnte es vollständig geklärt werden: Es handelte sich eindeutig um Mißbrauch einer Visitenkarte. Walter B. hatte seine Karte an jemand weitergegeben, der sie dann mit handschriftlichen Erläuterungen zum Thema Parkplatznot an die Windschutzscheibe des anscheinend asozial geparkten Autos von Herrn Gottfried K. geheftet hatte. Zu seiner Verteidigung sagte Gottfried K. lediglich: „Des konn doch iich nedd wissn." Wegen irrtümlicher Körperverletzung wurde er zu einer Geldstrafe von 2400 Mark verurteilt. Die Frage der Höhe des Schmerzensgeldes soll noch gesondert verhandelt werden. „Dou werd ibberhabbs nix verhandld", sagte der Gottfried am Ende zu dem Visitenkarten-Inhaber, „dou hausd hald jeedn, den wousd dei Fissiddnkarddn geem hosd, aa widder anne am Baggn naaf. Der wou die Sauereien gschriem hodd, is nou aff jeedn Fall derbei."
Für die Weitergabe dieser Schelln kommen, wie vor Gericht geklärt wurde, schätzungsweise 2000 Menschen in Frage, an die Walter B. seine Visitenkarte in den letzten Jahren überreicht hat. So wird in den nächsten Wochen ein ziemliches Klatschen und Wehklagen sein in der Stadt . . .

Das Tomatenattentat

Der kritische, abwägende und preisvergleichende Kunde ist in Läden aller Art sehr beliebt. Manchmal fliegt er mitten in seinen Erläuterungen über die artgerechte Eierhaltung aus dem Laden hinaus, manchmal schaut der Verkäufer durch ihn hindurch, wie wenn er überhaupt nicht anwesend wäre. Nur in den dringlichsten Fällen erhält ein Herr, der gemäß den Angaben einer Verbraucherzeitschrift den Preis von 50 Gramm Streichkäse um zwei Pfennig drücken will, als Antwort einige Ohrfeigen.

Lebensmittelverkäufer müssen im Dienst ihres Umsatzes ein sanftes Gemüt und viel Verständnis auch für die zähesten Notnickel haben. Je öfter sie jemand niederschlagen, desto mehr dezimiert sich im Lauf der Zeit ihre Kundschaft. „Manchmool", bekannte jetzt der Obst- und Südfrüchtehändler Jakob L. aus der Südstadt vor Gericht, „manchmool bisd oomds ummer Sechser mid den Gschmarri in ganzn Dooch suu banander, dassd an Drimmer Gurgn nehmer meggsd und an suu an Rimbfiech vo Kundn wäi an Gummignibbl iiber sein bläidn Kubf hauer."

Wenn das so ist, riet ihm der Richter, müsse er sich einen anderen Beruf suchen, wo er mit niemandem Kontakt hat. Vielleicht Hubschrauberpilot oder Nachtwächter bei der MAN. Allerdings hatte der Jakob noch nie eine Kundschaft mit Prügeln von seinem Stand vertrieben, auch nicht mit einem

Gurkenknüppel. Ihm wurde lediglich ein Tomatenattentat an der Beamtenwitwe Karola F. vorgeworfen.
Diese Frau Karola wünschte insgesamt die stattliche Menge von zwei Tomaten. „Wou sinnern däi dou heer?" fragte sie den Jakob mit den Fingern mitten in einer Tomatenkiste. „Holland", antwortete der Verkäufer mit der gebotenen fränkischen Höflichkeit. „Holland-Domaadn kaafi kanne", sagte die Karola, „dou konni glei a Schdiggla Saafn zu mein Budderbrood essn."
Die nächste zur Begutachtung anstehende Sorte kam aus dem Knoblauchsland. „Ausn Gnoblauchsland", sagte die Karola, „dassi fei nedd lach! Um däi Zeid Domaadn! Bauer däi edzer dou draußn aff die Domaadnbeede aa Wärmflaschn oo?" Worauf der Jakob redselig antwortete: „Dreibhaus."
Während die Karola einige kanarische Kleintomaten auf ihre Festigkeit testete, äußerte sie sich auch zum Thema Treibhaus: „Mid Dreibhaus-Domaadn kommer hexdns die Sai fiddern." Worauf der Jakob sprach: „Also, wäivill derffin Ihner nou eiwiggln?"
Vor Gericht fragte die Karola jetzt, ob sie sich als Sau abqualifizieren lassen muß. „Iich hob nedd Sau zu Ihner gsachd", brüllte der Jakob dazwischen, „des merkn'S ihner, gell! Sie hom gsachd, daß meine Domaadn a Saufudder sin. Es Bfund zu drei Marg fuchzich. Dou konnsd a Sau mid Kafiar aa mäsdn."
Wer wen als Sau, beziehungsweise als Kaviarmastschwein bezeichnet hat, blieb ungeklärt. Nicht strittig war hingegen, daß der Jakob der Kundin, kurz bevor sie die Ladentür von außen zumachte, zwei fränkische Treibhaustomaten hinterherschmiß und zweimal voll traf. „Suu werd ba uns Kedschubb hergschdelld", sagte der Jakob, als der Karola die Tomatensoße von der Stirn übers Gesicht in die Bluse tropfte.
Pro Wurf mußte der Angeklagte zweihundert Mark Strafe zahlen. „In wos fiir an Gsedzbuch hom'S nern edzer des gfundn?", fragte der Jakob den Richter, „innern holländischn? An der Häich vo der Schdroof gmessn kennds obber mehr a Verurdeilung nach Dreibhaus-Baragraf Fimbf, Misdbeed drei gween sei." Durch diese Bemerkung erhöhte sich die Gesamtstrafe auf 600 Mark.

Aus der Welt des Managements:

Die Ruhigstellung des 1. FCN

Gott und die Welt und sogar die Bäckerblume hacken zur Zeit auf dem Präsidenten des ruhm- und asbachreichen 1.FC Nürnberg herum. Nur weil er den sogenannten Fußballtrainer Willi Entenmann in seinen wohlverdienten Eineinhalb-Jahresurlaub geschickt hat. Man kann diese unqualifizierte Präsidentenverunglimpfung jetzt nicht mehr länger hinnehmen. Es muß endlich einmal gesagt werden, daß unser Bimbala vo Laff, wie er von engen Freunden auch liebevoll genannt wird, lediglich seine Pflicht gegenüber unserem Weltverein erfüllt und das Versprechen einlöst, das er uns bei seinem Dienstantritt feierlich gelobt hat. „Es muß", hat er damals hart aber gerecht gefordert, „endlich wieder Ruhe in den Verein hineingekehrt werden."

Der größte Unruheherd war bekanntlich Willi Entenmann, der nicht nur in den Pressekonferenzen häufig einen Lautsprecher benützt, sondern sogar manchmal nachts im Schlaf geschrien hat. Jetzt ist seit seiner Beurlaubung Ruhe.

Damit sind die Beruhigungsmaßnahmen des Präsidenten aber noch lange nicht erschöpft. Auch er selbst verhält sich gemäß seiner Forderung äußerst ruhig, ja nahezu mucksmäuschenstill. Nach der gemeinen, feigen und fast kriminellen nächtlichen Ersatzgeschäftsführeraussetzung auf einem einsamen Gehsteig in Ansbach hätte jeder andere Bundesliga-Präsident

den ruchlosen Täter angebrüllt, ihn laut schallend abgewatscht und anschließend dem elektrischen Stuhl überstellt. Nicht so der Club-Boß. Er hat dem Trainer nach dem heimtückischen Anschlag vollkommen geräuschlos eine schriftliche Abmahnung erteilt.
Herrliche Ruhe soll jetzt bald auch im Stadion herrschen, wenn die Fans, wie angekündigt, dem nächsten Heimspiel fernbleiben und durch diese Solidaritätskundgebung für ihren Präsidenten demonstrieren, daß auch sie die Stille im Verein über alles schätzen.
Eigentlich müßte der Vorsitzende jetzt auch schon beurlaubt sein. Er hat vor ein paar Wochen nämlich erklärt, daß er sein Schicksal mit dem des Trainers verknüpft. Vorbildlich, wie diskret, geräuschlos und ruhig auch diese Schicksalsverknüpfung aus der Erinnerung verschwunden ist! Und nur durch seinen selbstlosen Beurlaubungsverzicht kann sich der Fürst vom Valznerweiher um weitere Beruhigungen persönlich kümmern.
Nur einmal angenommen, durch sein hervorragendes Familienmanagement gewinnt der Club in Wattenscheid 14:0 und haut Borussia Dortmund eine Woche später mit 27:0 auf den Derbel, dann werden wahrscheinlich auch die letzten Kritiker ehrfürchtig ihre Dreckschleuder halten und verstummen.Ruhe, soweit die Ohren reichen.
Auch in den verschiedenen Gremien des 1.FCN, wie etwa dem Verwaltungs- und Wirtschaftsrat, herrscht eine liebliche, harmonische Ruhe. Unterbrochen höchstens einmal durch ein leichtes Knirschen einiger Halswirbel, das durch Kopfnicken hervorgerufen wird. Auch der ursprünglich etwas vorlaute Kassier gibt jetzt schon Ruhe. Sein Vorgänger hat zu dieser Ruhe noch mit Gewalt diszipliniert werden müssen. Doch auch er genießt jetzt rückwirkend die Stille und die Abgeschiedenheit mit vollen Zügen in einem kleinen Einzel-Appartement in der Mannertstraße.
Zusammenfassend kann man über die endlich eingekehrte Gesamtruhe bei unserem Club sagen: Alles paßt wie maßgeschneidert in die jetzt beginnende vorweihnachtliche Stimmung und findet seinen Niederschlag in dem neuen Club-Song: „Stille Nacht, Heilige Nacht, alles schläft, Obi lacht..."

Aus der Welt des groben Unfugs:

Wie programmiert man eine Gebrauchsanweisung?

Wieder ist auf dem Gebiet der Kommunikationstechnik ein großer Fortschritt in Gestalt des sogenannten ShowView erzielt worden. Wochenlang haben wir von den Segnungen dieses ShowView im Werbefernsehen erfahren. Es handelt sich dabei um ein kleines schwarzes Kästchen zu DM 169, das eigens für Vollidioten entwickelt worden ist. Es macht aus dem bislang meist zur vollkommenen Verzweiflung führenden Programmieren eines Videorecorders ein Kinderspiel. Selbst Menschenaffen können infolge sensationeller Vereinfachungen jetzt einen Fernsehfilm mit nur einem Knopfdruck auf ihrem Videorecorder speichern. Durch die einschmeichelnde Fernsehwerbung war der ShowView im Großraum Nürnberg nach nur zwei Tagen restlos ausverkauft.

Wir haben einen glücklichen ShowView-Besitzer aus dem östlichen Nürnberger Vorort Laufamholz beim kinderleichten Installieren seines kleinen Kästchens zwei Wochen lang begleitet.

Laufamholz ist an sich ein sehr ruhiger, teilweise sogar vornehmer Stadtteil. Neuerdings hört man dort aber aus einem Häuschen am Waldrand dumpfes Wutgebrüll, abgehackte schmerzerfüllte Schreie oder ein trommelfeuerartiges Geräusch, wie wenn jemand dauernd seinen Kopf an die Wand hinknallt. Die Quelle dieser Lautmalereien ist der von uns observierte, frischgebackene ShowView-Inhaber. Aus seinem Haus dringen häufig auch anklagende Rufe wie etwa „Scheißoorschglumb bläids!". Weitere Zitate können wir im Interesse der Aufrechterhaltung der Sittlichkeit nicht abdrucken.

Dieser Herr aus Laufamholz ist von durchschnittlicher,

insgesamt zufriedenstellender Intelligenz und hat vor zwei Wochen seinen ShowView in freudiger Erwartung ausgepackt. Er hat gedacht, daß er mit ihm noch am gleichen Abend den Fernsehfilm „Vom Winde verweht" aufzeichnen kann. Ein schwerer Irrtum, wie sich kurz danach herausgestellt hat.
Als erstes ist ihm die 50seitige Bedienungsanleitung in die Hände gefallen. Wie er dort die erhabenen Worte gelesen hat „Richten Sie Ihren ShowView Programmierer entspr. der Abbildung auf Ihren Satellitenempfänger und drücken Sie die Taste 'Eing'. Warten Sie bis die rote LED-Anzeige des ShowView-Programmierers aufhört zu blinken und beobachten Sie Ihren Satellitenempfänger", ist er an den Kühlschrank geschritten und hat eine 0,7-l-Flasche Williams Christbirne erst beobachtet und dann zügig ausgesoffen. Das Blinken hat aufgehört.
Nachts hat er von Kanalbewegungen geträumt, von Off, Standby, terrestrischen Kabelsendern, dreistelligen Leitstellen, von Eing. und Lösch. Einige Tage später ist dieser ShowView-Besitzer aus Laufamholz früh um drei Uhr aufgewacht, hat seine Frau mit aller Wucht aus dem Schlaf gerüttelt und ihr im Bett stehend mitgeteilt: „Wenn Ihr Videorecorder nicht einschaltet, für ein paar Sekunden in Aufnahme geht und wieder auf Off-Standby schaltet, rufen Sie unsere Hotline an. Wir helfen Ihnen gerne weiter." Worauf die teils erstaunte, teils doch etwas verärgerte Gattin geantwortet hat: „Hald die Waffl!"
Das Kinderspiel mit dem Programmieren eines Videorecorders durch einen ShowView mit Hilfe einer 50seitigen Bedienungsanleitung hat bereits nach zwei Wochen mit großem Erfolg geendet. Der jeglichem Fortschritt sehr aufgeschrittene Herr ist daheim in Laufamholz vor der gefüllten Badewanne gesessen, hat ziemliche Wellen gemacht und in ihnen seinen ShowView schwimmen lassen. Dabei hat er das Tuten eines Nebelhorns imitiert und auf fünf Fernbedienungen SOS gefunkt.
Der ShowView ist schon langsam auf den Grund der Badewanne gesunken. Auf dem Gesicht des Gebieters über Sturm und Wellen ist ein diabolisches Grinsen erschienen. Zur gleichen Zeit sind unten die anderen Familienangehörigen für immer aus der Haustür geflüchtet. Ein ShowView bringt für nur 169 Mark Ruhe und Frieden ins Haus.

Hildegard, die Warteschlange

Nirgends kann auch der herkömmliche, mit Kunstpreisen nicht so ausgestattete Mensch seine schöpferische Kraft besser unter Beweis stellen als beim Vordrängen in der Warteschlange einer Supermarkt-Kasse.
Man kennt den Hilferuf „Loun'S mi gschwind vobbei, mei Milch schdäid am Herd!" ebenso wie den angeblich Schnürsenkel zubindenden und dabei heimlich an die Kasse kriechenden Herrn oder die selbstverständlich gelogene Entschuldigung „Iich hob blouß wos vergessn." Es klärt sich sofort auf, wenn diese scheinbar vergeßliche Dame bloß einen Kasten Bier, 200 Rollen Toilettenpapier, vier Stauden Kopfsalat, Meerrettich, Senf, Ketchup, Buttermilch, Brot, Butter, eine Garnitur Gartenmöbel und Dr. Oetkers Dichtungspudding vergessen hat.
Eine bisher noch unbekannte Vordränge-Variante in einem Baumarkt ist jetzt am Amtsgericht aufgedeckt worden. Es handelt sich dabei um die Reservierungsmethode, die die Hausfrau Hildegard F. bis zur Vollkommenheit entwickelt hat. Durch den letzten Fall einer Reservierung im Baumarkt weiß sie jetzt auch, wie schwer ein Schraubstock sein kann.
Angeklagt war der Pensionist Helmut S., der an diesem publikumsträchtigen Samstagmittag in einer durch den ganzen Baumarkt mäandernden Warteschlange gestanden ist. „Annerhalb Schdundn", sagte Helmut S. vor Gericht aus, „binni mid

den Scheiß Schraubschduug in mein Einkaufswäächala in der Schlanger gschdandn. Zeha Meeder hobbi nu bis zur Kasse g'habd, und nou kummd aff aamol däi Frau dou her und sachd zu mir 'an schäiner Schraubschduug hom'S dou in Ihrn Wäächala drinner, also suu a schäiner Schraubschduug. Wos kosdn der?' Iich hob mer nou fiir miich dengd, Herr Richder, wos gäidn dera bläidn Henner mei Schraubschduug oo."
Obwohl der Helmut betonte, daß er es sich nur gedacht hat, mußte er die Anrede „bläide Henner" wieder zurücknehmen.
An diesem Samstag hat die Hildegard noch ein bißchen mit dem Schraubstock im Helmut seinem Einkauswagen geturtelt. „Und aff aamol", erinnerte sich der Angeklagte, „kummd a Moo mid sein Wäächala bis am Rand naaf vuller Dabeedn und Zeich und Woor genau aff miich zougfoohrn, sachd 'Momend amol, Masder' und schdelldsi genau vuur miich in die Schlanger."
Nach den ersten vorsichtigen Protesten des Helmuts soll dieser Herr mit einer Tapetenrolle im Anschlag gesagt haben: „Hald dei Waffl. Mei Frau schdäid scho zwaa Schdund oo." Dann meldete sich die schraubstockliebende Dame und sagte zum Helmut: „Sin Sie bsuffn odder wos? Iich schdäih doch scho die ganze Zeit vuur Ihner, dassi an Bladz fiir mein Moo reserwier." „Reidrängd homser Si!", brüllte der Helmut, „mid Ihrn Schraubschduug-Gschmarri hom'S mi veroorschn wolln! Obber nichd mid mir!"
Als dann Frau Hildegard F. nur vornehm säuselte: „Prüllen Sie nicht rum und schdelln'S Ihnen gefällichst hinten oo", vergaß sich der Helmut völlig. „Dou, nehmer'S den Scheiß Schraubschduug", schrie er zurück, „iich brauch nix, iich kaaf nix, iich gäih hamm." Und dann fiel der etwa vierzig Pfund schwere Schraubstock der Hildegard auf den Fuß. „Mid den Bladdfouß edzer", sagte der Helmut nach der Fußverbreiterung, „denner ser Si leichder bam Warddn."
Wegen unerlaubtem Schraubstock-Weitwurf, Körperverletzung und Beleidigung wurde der Helmut zu einer Geldstrafe von 2200 Mark verurteilt. „Mid mein brochner Fouß", sagte die Hildegard nach der Verhandlung, „konni hald nunni gscheid laafn." Worauf der Helmut wieder zu sich sprach: „Is hald scho a Braver, mei Schraubschduug, gell."

Das Umherlaufen von Volldeppen ist streng verboten

Hinweisschilder sind das Salz in der Suppe für jeden Autofahrer. Oft liest er in einer einzigen kleinen Sackstraße während der Parkplatzsuche zehn bis fünfzehn Hinweisschilder mit der Aufschrift „Ausfahrt freihalten, parkende Autos werden kostenpflichtig abgeschleppt". Immer wenn man eine Parklücke entdeckt, droht über einem das Hinweisschild des Damokles: „Ausfahrt freihalten!".

Wegen fortgesetzter Respektlosigkeit vor einem Hinweisschild ist der Fußpfleger Walter F. in die Mühlen der Justiz geraten. Sein Nachbar, der Rentner Friedrich G., hat an den langen Winterabenden vier wunderbare Schilder in verschiedenen Farben gemalt, daß an seiner Ein- und Ausfahrt Tag und Nacht das Parken strengstens untersagt ist. Bei Zuwiderhandlung wird abgeschleppt.

„Weecher mir", sagte der ambulante Fußpfleger Walter F. vor Gericht, „weecher mir konn der an sein Garddnzaun in Herrn Jesus hiimooln und draffschreim, daß mer nedd in Himml kummd, wemmer dou bargn doud. Des is mir worschd." Die Verärgerung des Fußpflegers, dessen Auto schon dreimal abgeschleppt wurde, resultierte daraus, daß er die Tag und Nacht streng überwachte Ein- und Ausfahrt weder für eine Ein- noch für eine Ausfahrt hält. „Mei Nachber hodd ibberhabbs ka Audo", wußte er, „hexdns, dasser amol middern Ladderwäächala vull Bferdemisd in sein Garddn neigfoohrn is."

An einem Samstagabend alarmierte der Leiterwagenfahrer Friedrich G. wieder einmal die über diesen Einsatz hocherfreute

Polizei, damit sie dem Walter sein Auto kostenpflichtig entfernt. Kurz danach standen die Beamten und der Ein- und Ausfahrwart Friedrich G. sinnierend vor einem Hinweisschild mit der Aufschrift „Das Parken, Vorbeilaufen und Herumstehen von Volldeppen ist strengstens untersagt. Bei Zuwiderhandlung kostenpflichtiges Einweisen in die Restmülldeponie."
Die Polizisten, die sich für das Entschlüsseln von Geheimbotschaften nicht zuständig hielten, waren schon wieder abgezogen, als der Fußpfleger Walter F. erschien und seinen immer noch über den Hinweisschild-Text brütenden Nachbarn mit den Worten begrüßte: „Du konnsd gwiss nedd leesn – Bargverbood fiir Volldebberla. Schau blouß, dassdi verzäigsd, sund wersd abgschlebbd!"
Eine Woche später hing an der Ein- und Ausfahrt vom Friedrich ein neues Hinweisschild: „Schnaufen, dumm Daherreden und blöd Glotzen von Ochsen strengstens untersagt. Zuwiderhandelnde Doldi werden kostenpflichtig kompostiert". Den Höhepunkt im allgemeinen Hinweisschilderwesen bildete die Aufschrift wieder acht Tage später: „Keine Ein- und Ausfahrt. Parken für jedermann erlaubt. Gezeichnet: Das Arschloch von Hausbesitzer".
Als Urheber der Schilderbotschaften hatte Herr Friedrich G. nach längeren nächtlichen Ermittlungen eindeutig den benachbarten Fußpfleger Walter F. festgestellt und wegen grober öffentlicher Verunglimpfung angezeigt. „Volldepp, Ochs, und Doldi", sagte der Friedrich vor Gericht, „des lou i mer nu eigäih. Obber Oorschluuch, Herr Richder, des gäid ja wergli zer weid." Wegen Abmontierens einiger Ein- und Ausfahrtschilder und Anbringens beleidigender Texte in Tateinheit mit fortgesetztem Parken vor einer Leiterwagenausfahrt wurde der Fußgänger Walter F. zu einer Geldstrafe von 900 Mark verurteilt.
„Schau her, wossi mer vonnern Schildermooler machn hob loun", sagte der Walter zu seinem Prozeßgegner draußen am Gang nach der Verhandlung und zog aus seiner Aktentasche ein nagelneues Hinweisschild mit der Aufschrift: „Hirnamputierter Kurzschwanz-Pavian. Streicheln und Füttern strengstens verboten. Parken mit Erlaubnis des Tiergartendirektors erlaubt."

Wenn Schreibmaschinen tief fliegen

Trotz der nahezu unendlichen Segnungen eines mit zwei bis drei Megabyte ausgestatteten Personal-Computers hängen manche Rückschrittler noch an ihren völlig veralteten Büromaschinen. Zu diesen Technologie-Bremsen gehört der selbständige Klein-Spediteur Gerhard S., in der Siedlung auch unter dem Namen Dr. Hammer bekannt. Wenn er nicht mit seinem alten Magirus Kartoffeln oder Brikett durch die Südstadt fährt, hämmert Gerhard S. daheim in seinem Büro auf einer Triumph-Schreibmaschine, Baujahr kurz nach Johann Gutenberg, kleine Gedichte, Kurzgeschichten, Rechnungen und Mahnungen.

„Wissn'S", sagte Gerhard S. jetzt vor dem Amtsgericht zum Vorsitzenden, „iich bin nemli aa aweng geisdich indressierd." Worauf auf der Anklagebank Herr Manfred R. brüllte: „Geisdich indressierd kommer aa am Dooch sei und nedd nachds ummer dreier, dassd maansd, a Badderie Granoodwerfer hodd es Haus umzingld!"

Was der Nachbar und Angeklagte zart andeuten wollte: Die museale Schreibmaschine vom Gerhard dröhnt häufig in der

Nacht wie ein Trommelfeuer, daß der Manfred und seine Gemahlin senkrecht in den Betten stehen und am liebsten zurückschießen würden. „Wäi mir des es erschde mool g'heerd hom", erinnerte sich der Manfred zurück, „dou hob iich zu meiner Frau gsachd 'Horch amol, Lisbeth' hobbi gsachd, 'dou doud doch middn in der Nachd anner Debbich globfn'."
Einige Zeit später erblickte das Ehepaar den Nachbar im Schein der Schreibtischlampe über seine antike Schreibmaschine gebeugt und vermutete aufgrund der dumpfen Einschläge, daß er die Tastatur wegen der besseren Durchschlagkraft mit einem Fäustel bedient. „Konn aa sei", sagte der Manfred, „daß mer aff dera Maschiner die Buchschdoom erschd schdanzn doud und dann affs Babier draffbichd."
Als eines frühen Sonntagmorgens gegen sieben Uhr wieder das Hammerwerk ertönte, rannte Manfred R. ins Nachbarhaus, läutete beim Gerhard und begehrte mit den Worten „Edzer langds mer obber endgildi mid den Bresslufdhammer!" eine Besichtigung der Schreibmaschine. Kurz danach schleuderte er das zwanzigpfündige Museumsstück durch das Bürofenster. Es landete weich im Hinterhof, da dort gerade die Mieterin Elfriede F. ihren Kehrichteimer entleerte. Durch den Aufprall der Triumph-Schreibmaschine auf ihr leidet sie heute noch an starken Schulterschmerzen. „Schdelln'S Ihner vuur", sagte die Elfriede, „wemmer däi am Kubf gfluung wäär – iich hädd hii sei kenner." An den Schreibmaschinenhämmerer gewandt sagte daraufhin der Manfred: „Schreibsd deine geisdichn Indressn middern Bleistifd! Dou heerd mer nix und gräichd aa kann Schädlbruch."
Wegen Sachbeschädigung, Hausfriedensbruch und Körperverletzung wurde Manfred R. zu vier Monaten mit Bewährung und einer Geldbuße von 1400 Mark verurteilt. Das Hämmern, meinte der Richter, sei ja jetzt durch den Fenstersturz der Schreibmaschine beendet und weitere Streitigkeiten nicht zu befürchten. „Jawoll", sagte der Zeuge Gerhard S., „iich hob mer edzer an Computer kaffd."
„Woorscheins", äußerte sich der Angeklagte beim Verlassen des Sitzungssaales, „der aanziche Computer aff der Weld middern Verschdärger. Wall gnaddern douds immer nu suu, daß a Maschinergwehr ein sambfdes Säusln dergeeng is."

Der Aufguß-Rentner

Wem schon einmal der Teebeutel beim sorgfältigen Ausquetschen vom Löffel in das erstaunte Auge eines Tischnachbarn geschnalzt, oder die Zitronenpresse in die Tasse geflogen ist, der weiß in etwa, wie schwierig Teetrinken vor Publikum sein kann. Noch schwieriger ist es unter starkem Alkoholeinfluß. Der pensionierte Bezirksheimatpfleger Erich M. kann davon ein Lied summen. Singen kann er es nicht mehr, denn er hat beim Teetrinken unter anderem schwere Verbrennungen erlitten.

Vor dem Amtsgericht hat sich jetzt der wegen verschiedener Gewalttätigkeiten wie Oberkellnerweitwurf oder Bleistiftspitzen mit einem fremden Zeigefinger bereits vorbestrafte Metzger Heinz F. verantworten müssen. Dieser vollkommen verrohte Metzger hat den Erich nachts in der Innenstadt getroffen, wie dieser aus unbekannten Gründen um eine Straßenlaterne konzentrische Kreise gezogen hat. „Der hodd", erinnerte sich der Heinz, „immer glennere Greise zuung, immer glenner. Und nou hods Broch gmachd, und er is mid der Goschn vull aff den Ladernabfahl draffbrelld. Und wäi er widder zu sich kummer is, hodder es gleiche numol gmachd. Woor fei indressand, Herr Richder."

Im Verlauf des erbitterten Kampfes gegen den Laternenpfahl haben sich die zwei zufriedenstellend betrunkenen Wanderer angefreundet und sind noch in ein Nacht-Cafe gekrochen. Dort hat der Heinz für sich gegen die Kälte einen Grog mit einem dreifachen schwarzen Rum bestellt und für den fast besinnungslosen Erich einen Tee mit Zitrone.„Maaner'S", sagte der Angeklagte, „der Doldi hädd den Deebäidl in des haaße Wasser neibrachd? Nichd ums Verreggn!"
Während der verschiedenen Versuche, sich ein Glas Tee zuzubereiten, ist der Bezirksheimatpfleger vom Stuhl gefallen. Der Wirt wollte die zwei schon hinausschneißen. Aber der Metzger Heinz F. hat darauf bestanden, daß sein neuer Freund den bereits bezahlten Tee trinken muß, damit es ihm wieder besser geht. Notfalls flößt er ihm den Tee im Liegen ein.
Daran erinnerte sich der Gastwirt noch ganz genau. „Der Moo", sagte der Zeuge aus, „hodd den andern Moo, der wou am Buudn gleeng is, erschd den Deebaidl in Mund neigschdobfd und nocherd däi Dassn mid den haaßn Wasser nouchgschidd. Iich sooch Ihner, der hodd gschriea, wäi a Sau, wou oogschdochn werd. Und dann hodder die Zidroner ausdriggd, daß den andern alles ins Auch gschbridzd is." Daraufhin alarmierte der Wirt die Polizei.
Als die Beamten eintrafen, drückte der Heinz einem Polizisten ein Bierfilz in die Hand und lallte: „Zwaamol Luiboldhain. Und schau nedd suu bläid, dumm gsuffner Schaffnerszibfl. Sunsd wersd in die Geisderboohn schdroofversedzd." Mit diesen Worten setzte er sich die Mütze des Polizisten auf.
Wegen Beleidigung der Staatsgewalt und Aufgießen eines Bezirksheimatpflegers im Ruhestand mit heißem Wasser wurde Heinz F. zu sechs Monaten Haft verurteilt. „Des konni Ihner edzer scho soong", meckerte der Angeklagte den Richter an, „daß iich dou in die Berufung gäih. Der Moo haudsi sei Waffl selber an die Laddern hii, iich dous mid anner warmer Kombressn aweng lindern, und nou solli derfiir a halbs Joohr in Kasdn!"
Dann wandte er sich an den verbrühten Heimatpfleger: „Wos saggsd denn edzer du dou derzou?!" „Doud mer leid", antwortete der Erich, „iich wass ibberhabbs nix mehr. Wer sinnern Sie eingli?"

Es gibt noch
Menschen auf der Welt
Die Erde braucht
den Menschen nicht !
Aber der Mensch braucht die Erde - es gibt nur diese !
GREENPEACE
Vorsetzen 53, Hafen-Hof, Tel. 040/311 86-0
20 459 Hamburg

Aus der Welt der feinen Tischsitten:

Rund wie ein Brunching-Ball

Noch bis vor kurzem hat ein geordneter Tagesablauf am Sonntag aus einem Frühschoppen bestanden, Schweinebraten mit Kloß und Soß, anschließend Sofa mit Kaffe und Käskuchen, Stadtwurst mit Musik, und ein Dämmerschoppen hat den Feiertag würdig abgerundet. Immer waren zwischen den Mahlzeiten Trinkzeiten dazwischen, die den Menschen entlastet haben. Diese angenehme Gestaltung eines fränkischen Sonntags ist jetzt dem Fortschritt zum Opfer gefallen.
Der weltläufig gewordene Franke begibt sich neuerdings in eines der zahlreichen Hotelrestaurants und nimmt dort ab 11 Uhr einen sogenannten Brunch zu sich. Wer nicht hochenglisch spricht und an der Rezeption brüllt: „Masder, wou kommern dou brunchen!?", der wird des Hotels oder sogar auf die Toilette verwiesen.
Das Hauptproblem bei einem Brunch besteht aber darin, daß man innerhalb von vier Stunden für 45 Mark soviel essen kann, wie man will. Es gibt zwischen den Mahlzeiten keine Verschnaufpause mehr. Auch ist der Bruncher geistig sehr stark gefordert, denn er muß während des Kauens ständig nachrechnen, ob er schon für 45 Mark gefressen hat, und er sich mit seinen Beutezügen im warmen Büffet bereits in der Gewinnzone befindet.
Versierte Bruncher stellen Wochen vor dem Ereignis das Essen ein und streichen dann bereits Stunden vor Öffnung der Fleischtöpfe mit gefährlich knurrenden Mägen wie ein Rudel hungriger Wölfe durch die Hotelhalle. Bei Beginn des Brunch

kommt es dadurch oft zu erschütternden Szenen. Ausgemergelte Gestalten ziehen von zwei Seiten an Hummerschwänzen, hauen sich mit geräucherten Aalen den Schädel ein und stieren dann verzweifelt auf ihren mit Vorspeisenklecksen verzierten Teller. Manche erwischen im ersten Ansturm nichts anderes als einige Rindsrouladen, fünf Portionen Spanferkel, Seelachs, Züricher Geschnetzeltes, glasierte Ananas, Sauerkraut auf Mousse au Chocolat, Butterbohnen, verschiedene Pasteten. Eine vornehme Dame ist nach 25 Croissants bereits satt, was nicht der Sinn eines Brunch ist, und wird von ihrem Ehemann mit Recht angeherrscht: „Du bissd gwiss bläid! Iich zool doch nedd fimbfervärzg Mark fiir a boor Bambercher Hörnla!"
Folgsam umrundet die Dame noch einmal das Büffet und häuft auf drei Teller Bratwürstchen Bolognese, Gänseleberpastete, Kroketten, Schnecken, Knoblauchbrote, Cordon Bleu, Seezunge, Räucherforellen, eine ganze Eisbombe, Leber Berliner Art.
Unter manchen Tischen hört man schon nach zwei Stunden Kampfessen dumpfe Brunchschreie wie: „Allmächd, is mir schlechd!" oder „Iich hädd den Bfannerkoung doch nemmer neiworng solln!". Manche pumpen sich auf der Toilette mit Hilfe eines Kopfstands den Magen leer, daß wieder Kapazitäten frei werden. Ein Herr liegt in der Hotelhalle, starrt auf seine Scheinschwangerschaft in der Hose und bemerkt triumphierend: „Neier Rekord. Haid hobbi mindesdens fiir zwaahunderd Mark branschd."
Während ein Ehepaar sechs Portionen Nasi Goreng, vier halbe Karpfen Müllerin Art und eine Prinzregententorte in ihrer mit Stanniol ausgeschlagenen Brunch-Tasche ins Freie schmuggelt, speit eine Dame in den Aschenbecher. Sie hätte nicht hintereinander fünf Kalbshaxn brunchen sollen.
Wer von einem Brunch schwergebeugt auf allen Vieren und schwer röhrend zufällig in Richtung Schweinau heimkriecht, muß auf der Hut sein, daß er am Schlachthof nicht mit einem Mastochsen verwechselt wird und das Licht der Welt erst wieder am Montag in der Metzgerei als Filetstück erblickt. Insgesamt ist ein Brunch ein hartes Los für den zivilisierten Teil der Welt, von dem sich viele Menschen in Indien oder Afrika überhaupt keinen Begriff machen.

Aus der Welt der Idiotie:

Umfragen wird man doch noch dürfen . . .

Endlich ist Europas wichtigstes Bauvorhaben, der weltberühmte Augustinerhinterhof, in seine entscheidende Phase getreten. Nämlich ermitteln jetzt die Meinungsforschungsinstitute gemäß den neuesten wissenschaftlichen Methoden, was die breite Bevölkerung will. Später soll die enge Bevölkerung auch noch erforscht werden. Eine bessere akademische Erhebung wie über den Augustinerhof hat jedenfalls die Welt noch nicht gesehen.

Täglich werden wir mit fünfzehn bis zwanzig Umfragen konfrontiert, die je nach Auftraggeber naturgemäß völlig verschiedene Resultate aufweisen. Aber eines haben sie gemeinsam: Man kann sich auf sie ungefähr tausendprozentig verlassen. Einmal sind 500 000 Nürnberger voll für den Augustinerhof, während in einer anderen Umfrage 500 000 Nürnberger ihre deutliche Mißachtung diesem Bauwerk gegenüber zum Ausdruck gebracht haben. Am Dienstag hat das Meinungsforschungsinstitut Preller & Patscher in Unterachtel 65 Prozent Pro-Stimmen ermittelt und 0,5 Prozent Gegner. Die restlichen 34,5 Prozent waren während der Befragung nicht daheim.

Am Mittwoch hat eine weitere vorzügliche Erhebung ergeben, daß nur einige wenige Promille den Augustinerhof nicht wollen. Dagegen spricht jedoch eindeutig die Umfrage des Instituts Erbswurst KG in Schoppershof, das mit neun Befragten

die breiteste Breite der Bevölkerung aufbieten konnte. Drei waren dagegen, drei dafür, drei im Zweifel, und man ist dadurch schon wieder einen Schritt weitergekommen.
Die mit Abstand beste Analyse hat ein unabhängiges Meinungsherstellungsinstitut in Frankfurt an der Entweder Oder angeboten. In akribischer Fleißarbeit haben diese Herrschaften sage und schreibe fünf Ergebnisse ermitteln können. Eines eindeutig für den Augustinerhof, eines gegen den Augustinerhof, eines für die beispielhafte Weltstadtarchitektur, eines entschieden gegen den Preßsack-Aufschnitt und ein Unentschiedenes. Gegen ein kleines Entgelt von jeweils 50 000 Mark können Mohammad Abousaidy, Peter Schönlein, Walter Anderle und Erich Mulzer die ihnen genehme Umfrage jederzeit erwerben. Insgesamt scheint sich herauszuschälen, daß aufgrund der Meinungsforschungen viele dafür sind, viele dagegen, und viele nicht genau wissen, was ein Augustinerhof ist. Während die meisten Institute zu diesem überraschenden Ergebnis meist auf telefonischem oder telepathischen Weg gekommen sind, aber immer tagsüber während der üblichen Befragungszeiten, hat die Agentur Mondschein GmbH ihre Ermittlungen ausschließlich nachts durchgeführt. Sie hat das interessante Resultat erzielt, daß überhaupt niemand was von irgendeinem Augustinerhof wissen will.
Hundert Prozent der Befragten waren nach dem jähen Aufwecken kurz nach Mitternacht und nach der Konfrontation mit den Fragen „Sind Sie der Meinung, daß kubische Halbrundbaukörper sich geschmeidig in das Stadtbild hineinrepunzieren müssen?" und „Wünschen Sie eine urbane Dominanz ultramontaner Semisegmentierungen?" vor allem an einem sofortigen Weiterschlafen interessiert.
Aufgrund der vorläufig letzten Umfrage werden 33,5 Prozent des Augustinerhofes wie geplant gebaut, ungefähr für 33,4 Prozent pappt Altstadtfreund Mulzer einige Erker, Chörlein, Fachwerke und ziemlich spätgotische Butzenscheiben hin, Baureferent Anderle erhält 22,1 Prozent zur Planierung nach Art des Lorenzer Platzes, mit 10 Prozent soll die Metzgerinnung rumwurschteln, und mit den letzten 0,1 Prozent können Meinungsforscher und örtliche Stadträte machen, was sie wollen. Eine Tätigkeit, die sie bis zur Vollendung beherrschen.

Das zügel- und hosenlose Nachtleben

Das Nachtleben in Nürnberg ist bekanntlich sehr überschäumend und zügellos. Sogar aus Fürth wechseln Männer in den frühen Morgenstunden über die Stadtgrenze, um an den berüchtigten Ausschweifungen teilzunehmen. Der Programmierer Erwin S. aus der Nachbarstadt hat die prickelnde Nürnberger Weltstadt-Atmosphäre in Höhe von 2600 Mark bis zur Neige seines Geldbeutels ausgekostet und möchte nicht mehr daran erinnert werden. „Dou konni aa", sagte er als Zeuge vor dem Amtsgericht, „mei Geld nehmer und in Burchfarrnbach in Gully neischmeißn."
In einer trübsinnigen Nacht ist der Erwin damals statt nach Burgfarrnbach in die Nürnberger Südstadt gefahren und ist dort auf die Animierdame Hannelore F. gestoßen. „Mir hom einen Biggollo drunkn", sagte der Erwin vor Gericht, „und nou numol an Biggollo. Und nocherdla hodd mi däi gfroochd, obbi bam Fernseeng bin. A Dalgmasder odder vielleichd an-ner vom Draumschiff, wall iich ihr suu bekannd vuurkumm und suu goud ausschau. Nocherdla hommer nu an Biggollo drunkn."
Die Komplimente der Hannelore haben anscheinend kein Ende genommen, so daß der Erwin gerührt befahl, eine große Flasche Champagner zu öffnen. Die Huldigungen der Animierdame gingen dann sehr in die Tiefe. „Iich bin scho ganz verriggd worn", schilderte der Erwin den weiteren Verlauf der

Nacht, „suu hodd däi an mir rumdou. Iich hob nou gfrouchd, ob mer si nedd aweng wou hiihoggn kenndn. Es Hiihoggn hodd numol a Flaschn Seggd kosd."
Vor dem Hinsetzen in ein düsteres Eck legte der Erwin geschwind seine Hose und sein Sakko über eine Stuhllehne. „Daß nedd vergribbln", erklärte er dem Richter. „Und däi Dame", fügte er noch hinzu, „hoddsi aa aweng auszuung." Als der Erwin in Wollsocken, langer Unterhose und Hemd noch einen Sekt bestellte, flog auf einmal die Tür der Nachtbar auf, ein Herr stürmte herein, zückte eine Dienstmarke und brüllte: „Griminalbollizei! Is dou a Faschingsball odder is däi lange Underhuusn ihr Dschogginganzuuch?!" „Iich hob mi nou", sagte der Erwin, „middi Händ an der Wand hiigschdelld. Sunsd mouser von der Waffe Gebrauch machn, hodder gsachd." Fünf Minuten später war die Razzia beendet und der Kriminalpolizist mit dem Sakko und der Hose vom Erwin verschwunden. Im Sakko haben sich 2600 Mark befunden, die – ebenso wie der Kriminalpolizist – immer noch spurlos verschwunden sind. „Und den Frollein", erinnerte sich das Opfer des Nürnberger Nachtlebens noch, „hobbi an Schuldschein vo siemhunderfuchzg Marg unterschreim mäin. Walli ja ka Geld mehr fiir den Seggd g'habd hob."
In weitaus schlechterer Erinnerung hatte der Programmierer aus Fürth aber seine Nachforschungen im Nürnberger Polizeipräsidium. Er tauchte dort am frühen Morgen mit einem starken Schluckauf, bekleidet mit einer langen Unterhose, Wollsocken und Hemd auf und fragte den an Halluzinationen gewöhnten Beamten am Nachtschalter: „Endschuldichn'S biddschenn, iich souch an Griminalbollizisd. Wall der hodd mei Jaggn, mei Huusn und mei ganz Geld." Um ein Haar wäre der Erwin daraufhin in die Ausnüchterungszelle gekommen. Der Hannelore konnte eine Komplicenschaft mit dem Polizei-Phantom nicht nachgewiesen werden. Es endete für sie mit einem Freispruch. „Hunderdbrozend is däi mid den under anner Deggn gschdeggd", sagte der Erwin nach dem vernichtenden Urteil, „obber des hodd mer mei Frau aa nedd glabbd, wäi iich an den Fräih schdrimbferds und midder langer Underhuusn hammkummer bin."

Da wackelte der Totenkopf

Wo das menschliche Organ für den Frieden sitzt, ist medizinisch noch nicht ganz gesichert. Aber es muß in vielen Fällen die Gurgel sein, wo manchmal Biere, Weine und Schnäpse durchlaufen und dann den inneren wie auch äußeren Frieden oft empfindlich stören. Das kann der praktische Arzt Dr. Wolfgang H. bestätigen, in dessen Wartezimmer sich ein schwerer Fall von Befindlichkeitsveränderung über die Gurgel ereignet hat. Es hat vor dem Amtsgericht geendet.

In diesem Wartezimmer ist der Kraftfahrzeugmechaniker Rüdiger F. gesessen, nach eigener Überzeugung ein wandelndes Symbol der Friedfertigkeit, dem nur noch Taube und Palmwedel fehlen. Er war lediglich dreimal wegen schwerer und zweimal wegen ganz normaler Körperverletzung vorbestraft, aber immer nur im Zusammenhang mit dem Genuß einiger Biere. Anscheinend hat dieser Rüdiger nicht gewußt, daß ein Wartezimmer, wie der Name schon sagt, dazu bestimmt ist, daß man in ihm warten muß.

Zwei Stunden lang hat Herr Rüdiger F. die Zeitschrift "Das Gesundheits-ABC" gelesen. Dann hat er auf die Frage der Sprechstundenhilfe, ob er seinen Krankenschein dabei hat, in sich selbst versunken geantwortet: „Dou is der vielleichd a druggne Lufd in den Warddezimmer." Und mit den Worten

„Iich kaaf mer gschwind a Halbe" ist er nach unten verschwunden und hat sich in einem nahen Wirtshaus mit vier Bier das Warten verkürzt.
„Wäi iich widder zriggkummer bin", erinnerte er sich dunkel, „is in den Warddezimmer immer nu genau suu voll gween wäi dervuur." Nach einer halben Stunde verspürte der Rüdiger schon wieder ein Brennen in seiner Staubgurgel und verschwand erneut. Nach der dritten Abfüllung roch es im Wartezimmer wie in einer Brauerei. Und wie der Rüdiger die Sprechstundenhilfe anbrüllte: „Ruufn'S amol mei Frau oo, sie soll mer es Oomdessn vobbeibringer und mei Nachdhemmerd" hätte sie durch den Mundgeruch beinahe eine Alkoholvergiftung erlitten. Kurz nach dem ersten Wutausbruch schrie der Rüdiger in die Gegensprechanlage des praktischen Arztes hinein: „Horch amol Doggder, dou häddi zu an Medizinmann vo di Indianer aa gäih kenner. Wall suu lang wäi mer dou warddn mouß, in dera Zeid binni zwaamol in Amerika!"
Beim nächsten Aufruf wäre eine Dame vor ihm zur Untersuchung dran gewesen. Bis diese ihren halbfertig gestrickten Pullover weggelegt hatte, taumelte der Rüdiger aber schon in das Ordinationszimmer. „Edzer langds mer obber", schrie er, „iich konn doch weecher an verschdauchdn Finger nedd värzza Dooch Urlaub nehmer. Edzer gräigsd anne aff die Noosn, und nou konnsd di selber in dei Warddezimmer hoggn und warddn, bisd drookummsd." Der Rüdiger griff sich den Doktor beim Kragen, schüttelte ihn mehrmals durch, daß es laut klapperte und verabreichte ihm zwei Ohrfeigen.
Der Doktor schaute dabei interessiert zu, denn der Rüdiger hatte in der Aufregung von acht Bier aus Versehen das neben dem Schreibtisch stehende Plastik-Skelett abgeohrfeigt. „Lach nedd suu bläid", schrie der Rüdiger den geheimnisvoll lächelnden Totenkopf an und gab ihm noch einen Fußtritt, daß Schien- und Wadenbein davonflogen.
Wegen starker Trunkenheit im Wartezimmer und Schändung eines Skeletts wurde Herr Rüdiger F. zu einer Geldstrafe von 3000 Mark verurteilt. „So, so", sagte er nach dem Urteil, „a Skeledd is des gween, wou iich rumgfodzd hob. Dou hodd si der Doggder woorscheins des Geribbe vonnern Baziend gnummer, der wou im Warddezimmer verhungerd is."

Die mysteriöse Pizzabestellung

Oft bleiben die Drahtzieher katastrophaler Ereignisse für immer im Dunkel der Geschichte verborgen. Wer weiß schon, ob zum Beispiel nicht Papst Tremens XII. von einem betrügerischen Wirt mit einem gepanschten Wein bis zur Weißglut gereizt wurde, und es dadurch zum Unfehlbarkeitsdogma gekommen ist. Ein ähnlicher Fall, allerdings nicht auf dem Weingebiet, sondern im Pizzabereich, ist jetzt vor dem Amtsgericht verhandelt worden.

Es wird nämlich für immer im Verborgenen bleiben, wer bei dem Express-Pfannkuchenlieferanten Giuseppe U. telefonisch zwölf Pizza für einen Herrn Josef K. in der Südstadt bestellt hat.

Giuseppe U. hat das Licht der Welt in Gibitzenhof erblickt und beherrscht die Landessprache im Gegensatz zu dem wegen Körperverletzung angeklagten Josef K. perfekt. „Suwos", sagte der Zeuge Giuseppe vor Gericht, „suwos hobbi fei nunni miidgmachd. Iich derhudz mi ball mid den Doldi seine gschissner Bizza. Und schdadds sechserneunzg Märgla, wou iich gräichd hädd, gräichi Drimmer Schelln. Der maand gwiß, mir sin in Balermo!"

Der Vorsitzende belehrte Herrn Giuseppe U., daß man sich in seiner Ausdrucksweise vor Gericht mäßigen und nur vornehme Ausdrücke von sich geben soll. Keinesfalls die Worte Doldi oder „gschissne Bizza".

Gemäß den von da an einigermaßen vornehm gehaltenen Ausführungen des Giuseppe ergab sich, daß bei ihm an einem Freitagabend ein Josef K. zwölf Pizza bestellt hatte. „Obber aweng brondo und zimmli subiddo", habe der Anrufer noch ins Telefon gebrüllt, „wall mir hom moldo Kohldambf." Keine dreiviertel Stunde später stand der Giuseppe bereits vor der Haustür, läutete bei Josef K., der im Schlafanzug öffnete, und sagte: „Sooderla, iich hobs suu brondo wie möglich gmachd. Viermool Bizza mid Salami, viermool Wongole, zwaamool Schbeziale und zwaamool Vierjahreszeidn. Machd sechserneunzg Marg, die masdn geem an Hunderder."

Josef K., aus dem Tiefschlaf geweckt, sah vor sich einen Italiener, zwölf fernsehturmartig aufgebaute Pappdeckelschachteln und eine nach 96 Mark ausgestreckte Hand und brüllte: „Iich nix Bizza beschdelld! Du schauen, daß abhauen. Sunsd iich Fodzen diich, verschdehen!?" Daraufhin antwortete Giuseppe U. in aller Ruhe: „Masder mach kann Drabbl. Dou sin deine zwölf Bizza. Däi nimmsd und zoolsd geräuschlos sechserneunzg Marg." „Halden serfordd Waffl", bläkte der Josef nachts um elf Uhr durch das Treppenhaus, „du Bizza selber bfressen!"

Der Giuseppe wollte seine Pizza aber auf gar keinen Fall selber bfressen und hielt sie dem Josef erneut vor die Nase. „Nou hodder", erinnerte sich der Giuseppe vor Gericht, „däi Bizza baggd und hodds mer am Kubf naafg'haud, daß mer des ganze haaße Zeich iibers Gsichd driibergloffn is. Iich konn Ihner soong, Herr Richder, iich hob ball selber ausgschaud wäi a Bizza Vierjahreszeidn."

Wegen Garnierung eines Hausbesuches wurde Herr Josef K. zu einer Geldstrafe von 1200 Mark verurteilt. Niemand aber wird jemals erfahren, wer für den ahnungslosen Josef K. telefonisch zwölf Pizza bestellt und damit eine Katastrophe heraufbeschworen hat.

Ein Kloß mit Soß ohne Soß

Die Bevölkerung teilt sich auf in entscheidungsfreudige Menschen und in Menschen, die etwa vor der Frage, ob sie ein großes oder ein kleines Bier trinken sollen, am liebsten einen paritätisch besetzten Untersuchungsausschuß einberufen würden. Sie verfallen ins Grübeln, beginnen zu zittern und verdursten letztendlich.
Zur Kategorie der schweren Zweifler gehört der Gummiwarenvertreter Lothar N., der nach einem geschäftlich sehr trostlosen Tag in einem Wirtshaus in Gibitzenhof sein Abendessen eingenommen hat. Die Verhandlungen mit der Bedienung Anita K. über verschiedene Speisen und Getränke mußten am Amtsgericht fortgesetzt werden.
Bereits bei der Getränkebestellung des Lothar N. ist es zu einigen Ungereimtheiten gekommen, die schließlich in das Servieren einer kleinen Radlermaßschorle mit gelbem Limo, Sekt und Tomatensaft sauer gespritzt mündeten. Einem Getränk, das es bekanntlich nicht gibt. „Iich hob in des Glas", sagte die Bedienung Anita schon sehr unwirsch, „alles neigschidd, wos Sie gsachd hom. Wenns Ihner schlechd werd – der Abodd is dou hindn."
Sodann nahm Lothar N. die Speisenkarte zur Hand. Diese Karte wies auf acht Seiten von Ochsenbrust mit Meerrettichsoß bis zu Kinderschnitzel Winnetou 50 Speisen auf. „Wissn'S wos", sagte der Lothar nach halbstündigem Blättern, „iich

glaab, haid essi amol Fleischkichla." „Fleischkichla gibds ba uns nedd", sagte die Anita und schmiß dem Lothar die Speisenkarte wieder auf den Tisch.
Zwanzig Minuten später signalisierte ein schüchtern erhobener Zeigefinger, daß der Gummiwarenvertreter bereits seine erneute Wahl getroffen hatte. „Bringer'S mer", sagte er, „däi warme Schdaddworschd dou mid Graud und Brood. Odder schdadds den Brood läiber a Weggla." Die Bestellung ging voll ins Leere, da die Bedienung an einem anderen Tisch stand. Wieder hob der Lothar seinen Zeigefinger. „Also", sagte die Anita, „hommers edzer?" „Ja", antwortete der Gast, „des hassd – naa. Wall, äh, is däi Schdaddworschd rechd fedd?"
Die Anita äußerte sich zum Fettgehalt der Stadtwurst nicht und sagte sehr laut: „Biddddä!?" „Ja also", setzte der Lothar an. Worauf ihm die Anita ins Wort fiel: „Ja also hommer nedd." Erst nach zehn Minuten erschien die Bedienung wieder. „Nocherdla", flüsterte der Gummiwarenvertreter, „nocherdla bringer'S mer vielleichd an Leberkäs mid Schbieglei. Obber ohne Schbieglei."
Als die Anita Leberkäs mit Spiegelei ohne Spiegelei gerade boniert hatte, rannte der Lothar zur Theke und fragte: „Is des a echder Leberkäs odder a Fleischkäs. Wenns a Fleischkäs is, nou läiber doch mid Schbieglei."
Vor Gericht schilderte die Bedienung das Ende des Abendessens: „Iich hob zwanzg Laid zon Bediener g'habd, Herr Richder. Und in den Gwerch hodd der Moo nocherdla des Schbieglei doch widder abbeschdelld, nou hodder läiber an Sauerbraadn gwolld, a Jäächerschnidzl, marinierde Hering nach Hausfrauenart, Rühreier mid Schinkn, Rühreier ohne Schinkn und am Schluß an Glooß mid Sooß ohne Sooß. Und nou hobbin des Gniedla ins Gsichd neidriggd. Ohne Sooß. Woorscheins wäär nern fiirs Gsichd obber nou widder marinierde Hering nach Hausfrauenart läiber gween, wall däi nedd suu haaß sin."
Wegen unbefugten Auflegens einer Gesichtsmaske in Gestalt eines rohen Kloßes ohne Soß wurde die Anita zu einer Geldstrafe von 400 Mark verurteilt. „Iich", sagte der Lothar, „häddera fimbfhunderd geem. Odder sechshunderd. Obwohl vierhunderd Marg sin aa nedd verkeerd."

Aus der Welt der Marktwirtschaft:

Raubritter, ganz privat

Den Nürnberger Menschen drücken momentan DM 2800 Prokopfverschuldung. Es handelt sich dabei um keine besonders alarmierende Nachricht. Denn da der Kopf wie auch der Prokopf in den wenigsten Fällen sonst noch eine Verwendung hat, kann man ihn jeden Tag in aller Ruhe mit beliebigen Summen verschulden.

Einige Mitglieder der sogenannten Nürnberger Wirtschaftsjunioren haben jetzt ihren Kopf mißbraucht und nach langem angestrengtem Nachdenken herausgefunden, wie die Stadt ihre Schulden los wird. Und zwar durch die Segnungen der Privatisierung. Man soll sich nicht mehr auf den betenden öffentlichen Händen von Dürer ausruhen, sondern die Privatinitiative ergreifen. Dadurch wird sich binnen kurzem über die Stadt ein Reichtum ausbreiten, der uns an die Wiederentdeckung des Schlaraffenlandes gemahnt. Honig und Milch werden fließen, früh gibt es aus dem Schönen Brunnen schon Freibier.

Beispielsweise werden dann die städtischen Straßen privatisiert, so daß ihre neuen Besitzer alle 50 Meter kleine Mauthäuschen errichten und dort nach Herzenslust Straßenzoll erheben. Die privaten Straßenbesitzer werden Geld in reichem Maße verdienen und können dadurch vielleicht schon nach einem halben Jahr eine kleine U-Bahnstrecke, 20 Meter Straßenbahngleise oder gar eine Bushaltestelle erwerben. Die Fahrt vom Hauptbahnhof etwa zur Widhalmstraße kostet dann, damit es sich rechnet, zwischen 60 und 70 Mark.

Der frischgebackene private Straßenbahnbesitzer fällt durch diese Einnahmen bereits nach wenigen Wochen aus der Prokopfverschuldung heraus und fährt statt in die Widhalmstraße ins sonnige Florida.

Bald werden wir uns bei konsequenter Fortführung der Privatisierung an die herrlichen Zeiten des Spätmittelalters erinnern, wo einige wenige Patrizier die Geschicke und die Gulden dieser Stadt auf die rechten Wege geleitet haben. Diese Wege haben in ihren Tresoren geendet. Die Bevölkerung hat ihr Scherflein zum immer mehr wachsenden Ruhm der Stadt durch geringfügige, täglich höchstens vierzehnstündige Arbeiten und kleine Prokopfsteuern beigetragen und ist abends glücklich und zufrieden auf ihr Strohlager gesunken.
Nach Straßen, Gässlein, U-Bahnen soll auch die Kanalisation endlich privatisiert werden. Daß sich der Transport der verschiedenen Stoffe schnell amortisiert, werden die Investoren das kapitalintensive, unterirdische Röhrensystem dem Zahn der Zeit überlassen und die bisher brach liegenden Gehsteige ebenfalls nach mittelalterlichem Vorbild zur Überdüngung freigeben. Neue Nasensteuern können sodann erhoben werden, und ein lieblicher Geruch kündet weit ins Land hinein vom Aufbruch in ein revolutionäres privates Zeitalter.
Auch sollen Kirche und Obrigkeit dann wieder eine festgefügte Einheit bilden, so daß es sich der herkömmliche Mensch schwer überlegt, ob er Steuern nicht zahlt und dadurch statt glorreich am Südfriedhof jämmerlich in der Hölle endet. Wer durch unternehmerischen Wagemut Steuern von sagen wir einmal 70 Millionen Mark hinterzieht, kann hingegen in den Genuß einer Privatisierung seiner Verbindlichkeiten kommen. Erste hoffnungsvolle Ansätze sind auf allen Gebieten der neuen Wirtschaftordnung schon gemacht, bald wird es aufwärts gehen.
Noch gebricht es den Wirtschaftsjunioren etwas an Mut. Aber wir möchten ihnen zurufen: Harret aus und schreitet fort mit Eueren Bemühungen. Es war schließlich auch ein weiter Weg vom Mittelalter bis zum Jahr 1806, wo Nürnberg durch unermüdliche Privatisierung auf dem Höhepunkt seiner Blüte stand und vollkommen pleite war. Mehr Arbeit, weniger Lohn, ein neues Raubritterwesen, das Belegen von Sozialwohnungen durch bedürftige Oberbürgermeister, Kirchenwiedereintritte, Vetternwirtschaft, das Ausbreiten von weichem, jeglichen Fall dämpfenden Filz – die Zeichen der Zeit stehen überall auf Fortschritt. Warum nicht auch bei uns?

Aus der Welt des Glaubens:

Vater unser, der du bist im Stadion . . .

Lieber Gott, der Nürnberger Dekan Pfarrer Johann Friedrich hat in diesen schweren Stunden vor der Entscheidung morgen Nachmittag im Westfalenstadion gesagt, daß man zu Dir mit allen Anliegen kommen kann. Wo warst Du also am letzten Dienstag, wo wir Dich um ein kleines Unentschieden gebeten haben, und stattdessen der Club von den Bayern unheimlich eine auf den Derbel gekriegt hat?

Und was war los mit Deiner vielgerühmten Kraft und Herrlichkeit, wie sie ebenfalls in diesem katholischen München eine Woche vorher den Club nach Strich und Faden beschissen und aufgrund des Augenleidens eines Linienrichters ihn 2:1 besiegt haben? Wir haben gedacht, Du kannst Blinde sehend machen. Da hat man aber in München nichts davon gemerkt. Bitte entschuldige die harten Ausdrücke. Aber es schreit doch wirklich zum Himmel, und Du hörst dort oben nichts von unserer Not in Nürnberg! Gemäß dem Ratschlag vom Pfarrer Friedrich – auch der Landesbischof Loewenich leidet übrigens tief in seiner Seele mit dem 1. FCN – beten wir jetzt also zu Dir, daß der Club nicht absteigt.

Laß die Wogen über uns nicht zusammenbrechen, sonst kannst Du Dir die Kirchensteuer in Zukunft beim Beckenbauer oder beim SC Freiburg abholen! Wir sollen Dir nicht zürnen oder drohen, aber anders erhörst Du uns scheint's nicht in unserer großen Not.

Also gib dem Club morgen Nachmittag die Kraft und die Übersicht, daß er nicht dauernd mit den Füßen Grasbatzen aus dem Stadionrasen rausfetzt und sich nicht schwanzen läßt, sondern zwischendurch auch einmal den Ball trifft und daß er 1:1 spielt.

Herr im Himmel mache die Räume eng! Postiere Deine Engel gut gestaffelt im Sechzehner vom Köpke, daß dort nichts anbrennt, verwandle so ähnlich wie damals in Kanaan den Uwe

Wolf in einen Filigrantechniker, den Zietsch in einen Maradona, und wenn der Schwabl einen Elfmeter schießt, dann schieß bitte mit, damit der Ball wenigstens bis zur Torlinie rollert oder gar ein bißchen drüber hinaus.
Erscheine dem Wück heute Nacht im Traum und sage ihm: „Fürchte Dich nicht, ich bin bei Dir! Die weiß gestrichenen, in Form eines riesigen Rechtecks zusammengeschweißten Rohre sind das Tor. Dort muß der Ball hinein." Wo elf in Deinem Namen versammelt sind, da bist Du doch mitten unter ihnen, oder?
Überall kann man natürlich nicht sein, also laß die Bayern gegen Schalke ungefähr 1:7 verlieren. Sie haben sich zweimal schwer gegen Deine Nürnberger und Dich versündigt. Dein ist die Rache.
Falls im Westfalenstadion aber ein ungetaufter Schiedsrichter pfeift und auf Deine Eingebungen nicht horcht, dann blase auf jeden Fall den Duisburgern Deinen Odem ein, daß sie Freiburg mit einem 5:0 in die ewige Verdammnis der II. Liga schicken. Wenn Du es nicht so auffällig machen willst – ein 1:0 oder sogar ein 1:1 langt fei auch schon. Aber Du wirst es in Deiner Allmacht ja auch schon wissen.
Wenn die Freiburger heute auch inbrünstig zu Dir beten sollten mit der Bitte um einen Punkt, dann laß Dich von Ihnen nicht blenden oder in Versuchung führen. Du sollst keine anderen Vereine neben Dir haben. Es bleibt dabei – wenn im Westfalenstadion in der 90. Minute der Riedle freistehend aus 10 Metern aufs Tor hämmert, dann hälst Du Dein Lattenkreuz hin. Du hast die Welt in sechs Tagen erschaffen, also wirst Du doch neunzig Minuten ein 1:1 halten können. Schalte Dich aber bei Kontern für alle Fälle auch in die Offensive mit ein, vielleicht gewinnen wir es sogar.
Helfe in Deiner Güte aber wie schon gesagt auch unseren Brüdern und Schwestern in München, daß sie stolzer Deutscher Vize-Meister werden und wir uns mit ihnen darüber von ganzem Herzen freuen können.
Dein Wille (1:1 in Dortmund) geschehe, wie im Himmel so auch im Westfalenstadion. Denn Dein ist die Kraft und die Kondition, in Ewigkeit Amen, beziehungsweise: Schlußpfiff. Jesu geh voran, auf der Aschenbahn.

Der Entwöhnungskurs für einen Vollraucher

Fast an allen Drehbänken, Bildschirmen oder Schreibtischen lodert seit einiger Zeit schon der Streit, inwieweit Rauchen der Gesundheit dienlich ist. Der Kameradschaft ist sie auf keinen Fall dienlich, wie eine fast einjährige Auseinandersetzung zwischen dem Programmierer Karlheinz S. und seinem Exfreund Bruno K. zeigt. Die beiden teilen sich seit fast zwanzig Jahren einen Arbeitsplatz und haben in früheren Jahren derart tapfer geraucht, daß man sie an manchen arbeitsreichen Tagen als wallende Herbstnebel im oberen Pegnitztal einsetzen hätte können.

Aus Anlaß des Weltnichtrauchertages hat der Karlheinz im vergangenen Jahr seine letzte Schachtel Zigaretten dem Reißwolf übergeben und feierlich gelobt, daß er für immer jeglichen Lungenzügen abschwört. Jetzt ist er wegen seiner Missionsarbeiten im Auftrag des Bundesgesundheitsministers vor Gericht gestanden. Sein Freund und Arbeitskollege Bruno K. hat sich trotz zahlreicher Belehrungen von der Gesundheit des Nichtrauchers nicht überzeugen lassen wollen.

Wenn er früh zur ersten Tasse Kaffee eine seiner berüchtigten Edel-Machorka aus dem Schwabacher Landkreis entzündet und die gewaltige Dampfwolke, angereichert mit einem angenehmen Restalkoholgeruch, seinem Gegenüber ins gequälte

Antlitz geblasen hat, ist der Karlheinz sofort in einen schweren, demonstrativen Keuchhustenkollaps verfallen, hat alle Fenster und Türen aufgerissen und fundierte medizinische Vorträge gehalten. Daß er Raucher kennt, die an ihrer Sucht schon im zarten Alter von sieben Jahren verstorben sind, daß jede Zigarette das Leben um zwei Minuten verkürzt und daß infolge dieser Rechnung der Schreibtisch vom Bruno schön längst auf dem Rochusfriedhof stehen müßte.

Er hat ihm kleine Scherzartikel in Form von Knallkörpern in die Zigaretten gesteckt und den Aschenbecher mit Benzin gefüllt. Doch auch die dadurch hervorgerufenen Detonationen haben den Bruno nicht zu einem gesunden Lebenswandel bekehren können.

An einem Morgen ist im Büro ein Plakat gehängt, fast so groß wie die Wand, mit der Aufschrift „Rauchen strengstens untersagt". Der Bruno hat es in kleine Streifen zerrissen und sich damit die erste Zigarette angezündet. „Edzer langds mer obber!", schrie der Karlheinz unter dröhnenden Hustenanfällen. „Dou konni mi ja glei an die Ferngasheizung ooschließn loun! Mach dein Gifd-Schbargl serfordd aus. Sunsd hauer der die Goschn nei, dassd maansd, dei Moong is a Räucherkammer!" Der Bruno inhalierte tief, hüllte den Karlheinz in Weihrauch und sprach: „Wennsd dei Maul hälsd, nou gäid ka Rauch nei." Danach sprach der Bruno nicht mehr viel. „Der is aus der Diir nausgrennd", erinnerte er sich vor Gericht, „und aff aamol isser middn Feuerlöscher vom Gang draußn vuur mir gschdandn, hodd gschriea 'Es brennd, es brennd', und nou hodder mid voller Wuchd mei Gsichd glöschd." Die Wucht des Schaumstrahles spritzte den Bruno vom Stuhl. Er donnerte mit dem Kopf an die Wand und rauchte während der viertelstündigen Ohnmacht tatsächlich keine einzige Zigarette.

Das Gericht wertete die vollkommen neue Therapie zum Abgewöhnen des Rauchens als Körperverletzung und ahndete das Hochdruckausblasen einer Zigarette mit einer Geldstrafe von 2500 Mark. „Dou homs di ganz schäi derwischd", sagte der Bruno nach dem Urteil zu seinem Ex-Freund, „zwaarahalbdausnd Märgla – des sin ja ball fimbfhunderd Bäggla Zigareddn. Dou kenners die negsdn Wochn ganz schäi bleschn in der Grichdskasse, vo dein Geld."

Eine Einfahrt ist eine Einfahrt

Zur Aufrechterhaltung des Verkehrsleitsystems gibt es ungefähr fünf- bis sechshundert Hinweisschilder in einer Stadt. Das beliebteste ist das Schild mit der Aufschrift „Einfahrt freihalten" und der im Stil des Neo-Realismus gemalten Abbildung eines Abschleppwagens mit Hebekran.
Der Einfahrtbesitzer Hermann W. hat seinen kleinen Durchlaß zum Hinterhof von oben bis unten mit zwölf Schildern „Einfahrt freihalten" sehr deutlich gekennzeichnet. Was der Untermieter Franz K. so deutete, daß er ab zwölf Uhr Mitternacht, wenn er von der Schicht heimkommt, in aller Ruhe parken kann. Jetzt ist die Belagerung einer Einfahrt Gegenstand eines Gerichtsverfahrens gewesen.
Hermann W. hat seinen Hinweis „Einfahrt freihalten" mit dem Zusatz „Tag und Nacht" ergänzt und sich deswegen berechtigt gefühlt, ruchlose Parkplatzverbrecher Tag und Nacht auf ihre Verfehlungen aufmerksam zu machen. Auch wenn die Einfahrt nachweislich seit Ende des 19. Jahrhunderts nicht mehr als Einfahrt benutzt worden ist. „Wenn wos ka Einfahrt is", schilderte er dem hohen Gericht voll logisch, „und es schdäid obber affern Schild 'Einfahrt verboten', nou is des audomadisch a Einfahrt. Aa wenns ka Einfahrt wär. Obber normool is a Einfahrt immer a Einfahrt. Sugoor wenn ka Einfahrt-Schild dou is, und jemand maaner kennd, es is ka Einfahrt."
Es war allen vollkommen klar, nur dem Schichtarbeiter Franz K. nicht. „In däi Einfahrt", sagte er, „is nu nie wer neigfoohrn. Und nou is aa ka Einfahrt. Der kennd ja aa an sei Bruchbuudn a Schild hiihänger 'Das ist das Märchenschloß Neuschwanstein' und vo die Undermieder jeedn Dooch zwanzg Marg Eindridd verlanger." Wie der Franz von dem unermüdlichen Einfahrtverteidiger wieder einmal nachts um drei Uhr geweckt worden ist, daß er sein Auto sofort von der Einfahrt entfernen soll, hat er lange darüber nachgedacht, wie man sich für die vielen

Weckdienste irgendwie dankbar erweisen kann. Er hat nachts mit einem Palettenhubfahrzeug das Auto von Herrn Hermann W. ein bißchen angehoben und es einige Meter von seinem Parkplatz entfernt.
Früh um halb sieben hat man in der kleinen Seitenstraße in der Nordstadt ein erstes vorsichtiges Hupen gehört. Dann ist ein zweites Hupen dazugekommen, ungefähr ab sieben Uhr hat man bereits von einem Hup-Inferno sprechen können. Der Hermann ist ans Fenster gerannt und hat zu seiner Frau gesagt: „Des mousder ooschauer, Kädda. Hodd asuu a Rimbfiech middn aff der Schdrass bargd. Quer aa nu, daß ka Audo durchkummd. Der Doldi mouß doch bsuffn gween sei."
Die alarmierte Käthe kam auch ans Fenster, blickte auf den hupenden Morgenstau in der Straße und sagte: „Der Doldi bisd Du, Vadder. Des is unser Audo, wou dou in der Schdrass drinnerschdäid." Der Hermann ist im Schlafanzug nach unten gerannt, hat aber nicht bedacht, daß sich in den stauenden Autofahrern schon eine ziemliche Wut gebildet haben könnte. Unter den zahlreichen Staubetrachtern auf der Straße ist auch Franz K. gestanden. Der hat beim Anblick des Hermann geschrieen: „Den Debbn dou g'herrd des Audo aff der Schdrass!" Und zum Hermann gewandt brüllte er: „Hom Sie kanne Aung im Kubf? Des is a Schdrass und ka Barghaus. Simmer widder aweng bsuffn gween haid Nachd?!"
Ein Autofahrer hat den Hermann an den Ohren zu seinem Auto gezogen, einer hat ihm mit der Fußspitze von hinten einen Elfmeter verpaßt, und jemand hat ihm fachmännisch den Arm ausgekugelt und dem daraufhin auf der Straße knieenden Querparker mitgeteilt: „Edzer bleibsd suu hoggn, bis die Bollizei kummd." Seine Unschuld hat sich erst Stunden später herausgestellt.
Franz K. ist am Amtsgericht wegen unerlaubten Abschleppens eines Autos, Herbeiführung einer Straßenbarrikade und Aufwiegelung einer größeren Menschenmenge zu einer Geldstrafe von 2400 Mark und dem Entzug der Fahrerlaubnis auf sechs Monate verurteilt worden. „Des is scho weerd gween", sagte der Franz, „wall suu grouß is unser glanne Schdrass nu nie rauskummer. Sugoor vuurn Middleren Ring in Minchn simmer an den Fräih in Bayern Drei drookummer mid unsern Schdau."

Wie man einen Torwart verpflichtet

Jedes Jahr gibt es in der Bundesliga langwierige Verhandlungen, wohin die jungen Millionäre in der nächsten Saison ihre Schritte lenken. Wegen lumpiger 500 000 Mark ändert ein beidfüßiger, offensiver, im Notizbuch von Berti Vogts vermerkter Defensivmittelfeld-Raumdecker seine Meinung mindestens dreimal am Tag, bis er seinen Marktwert von netto 2,50 DM auf brutto 6,2 Millionen genau ausgelotet hat.
Bei dem Defensiv-Spaziergänger Herbert E. haben sich mit dem berühmten Verein Zwietracht Dutzendteich ebenfalls Transferverhandlungen angebahnt. Sie sind binnen zwei Minuten und drei Schelln erledigt gewesen. Jetzt ist der Zwietracht-Kapitän Kurt L. vor Gericht gestanden.
Seine Mannschaft hat an einem Sonntagvormittag zu einem Spiel um den internationalen Preller-Cup antreten sollen. Außer Kurt L. hat das Team noch aus drei angetrunkenen Fans bestanden, einer Sturmspitze, die ausversehen die Fußballschuhe vergessen hat, einem im Kopf ständig angeschlagenen Linksaußen und einem 50-Liter-Faß Festbier. Der Schiedsrichter der schicksalhaften Begegnung hat sich nach Aushändigung von fünf Biermarken für das Frühlingsfest auch noch bereit erklärt, mitzuspielen. Aber nur unter der Bedingung, daß man in den nächsten fünf Minuten noch einen Torhüter findet.
Kurz danach ist dieser Herr Herbert E. an dem Jedermann-Sportplatz erschienen, hat seinen mitgeführten Zwergpinscher im Sechzehner weiden lassen und sich beiläufig erkundigt, wann das Spiel angeht. „Edzer glei", teilte ihm der Kurt mit, „wall edz simmer vollzählich. Da zäich die Drääningshuusn driiber, dou is a Midzn geecher die Sunner. Schdell di ins Door, daß mer oofanger kenner."

Der Herbert lachte ein bißchen und wollte weitergehen. „Mach edzer kann Scheiß", wurde der Mannschaftsführer etwas lauter, „Du gäisd ins Door und Schluß is. Odder hosd Du scho amol a Foußballschbill ohne Dorward gseeng?!" „An aldn Oorsch gäih iich", erwiderte der Herbert, „iich gäih mid mein Hund schbaziern und sunsd nix. Iich bin edzer achderfuchzg Joohr ald und woor in mein Leem nu ka Dorward. Kegln hobbi amol aafgschdelld fräihers innern Werzhaus in Lafferhulz. Obber sunsd hob iich nu nie an Schbord gmachd. Ruf hald amol bam Köpke oo, der hodd haid schbillfrei!"
Nach dem guten Tip mit Köpke erhielt der Herbert einige kräftige Schelln mit dem festen Versprechen, daß er noch mehr haben kann, wenn er sich jetzt nicht sofort ins Tor stellt. Angeblich soll der Linksaußen auch noch ein Taschenmesser gezogen und in Aussicht gestellt haben, daß er damit den Hund vom Herbert absticht. „Und was ist dann passiert?", wollte der Richter in der Verhandlung von dem Zeugen wissen. „Ja wos werddn bassierd sei?!", antwortete der Herbert unwirsch, „ins Door binni hald ganger, odder!"
„Obber es wäär gscheider gween", fuhr er fort, „iich hädds nedd gmachd. Amol hobbi an Balln vull in die Läädschen gräichd, amol is mer anner aff die Finger gschdieng und amol hobbi in Balln in mei Door neigleechd und wolld hammgäih, und nou hodd mer der Mannschafdsführer widder a Schelln geem. Wall des woor nou es 17:0 fiirn Geechner."
In der Halbzeit hatte der Kurt abhauen wollen, aber der Fluchtversuch ist entdeckt und wieder mit Ohrfeigen bedroht worden. Wegen unerlaubter Verpflichtung eines Ersatztorhüters ist der Mannschaftsführer Kurt L. zu einer Geldstrafe von 3600 Mark verurteilt worden. „Dou maggsd ganz schäi wos miid als Schbielervermidddler", kommentierte der Kapitän das gepflegte Urteil. „Wos maansdn nou", sagte der Herbert, „wos iich damals miidgmachd hob, wäi iich zwaa Schdund zerschbeed zum Essen hammkummer bin. Verschwidzd und mid anner fremdn Drääningshuusn. Und zu meiner Frau gsachd hob, wäis mi gfrouchd hodd, wou iich edzer herkumm: Wou werri scho herkummer? Im Door woori annerhalb Schdund lang. Aanerzwanzg zu Null hommer verluurn und als Brämie hodds a schäins boor Fodzn geem!"

Die Zahnradwatschn

Ein zeitgemäßer Radfahrer ähnelt, wie man auf Landstraßen beobachten kann, oft einem Wesen aus fernen Galaxien oder einem von Friedensreich Hundertwasser bemalten Preßsack. Der Biker trägt eine enganliegende Wursthaut, windkanalgetestete Rennschuhe, eine Panoramabrille, einen halben Kürbis als Schutzhelm und drückt die aerodynamische Nase auf eine Ablage am Lenkrad. Die Ohren sind zu Rennspoilern umgebaut. In dieser schillernden Aufmachung hat sich der Samstagsradler Eugen B. auf dem Weg ins schöne Bierstädtchen Spalt am berüchtigten Massendorfer Berg einer Gruppe Fußwanderer von hinten mit seiner 36-Gang-Maschine, Titan mit Goldaufstrich, fast lautlos genähert. Nur am brauereigaulartigen Schnaufen des Rennfahrers haben die Wanderer gemerkt, daß sich hinter ihnen ein Unglück anbahnt. Es ist vor Gericht verhandelt worden.

Der Radrennfahrer Eugen B. war wegen des Vergehens einer 18fachen Ohrfeige, in Fachkreisen auch Zahnradschelln genannt, angeklagt. Wie der Eugen damals bergauf mit einer Geschwindigkeit von fünf Stundenzentimetern am ersten Fußwanderer vorbeigehechelt ist, hat dieser Herr, vom Kostüm des Radlers begeistert, gebrüllt: „Obachd, dou hind kummd der Eddy Murckx als Faschingsbrinz verkleided!"

Während des gesamten Überholvorganges wurde der abgekämpfte Radrennfahrer Eugen B. rein farblich mit einem Wanderwellensittich verglichen, einem umhertaumelnden Zitronenfalter, und einem frisch tapezierten Hängebauchschwein. Die letzten aufmunternden Worte eines Wanderers lauteten: „Ner goud Vadder, dassd an Helm aaf hosd. Nou konnsder wenigsdns in Kubf nedd z'reißn."

Er sei Kummer gewohnt, sagte der Angeklagte Eugen B., seit er in einem Vollprofi-Outfit in Höhe von 2500 Mark die Landstraßen im Nürnberger Süden entlangfliege. Aber alles müsse man sich wirklich nicht gefallen lassen. „A Frau vo dera Schbaziergängergrubbn", erinnerte er sich noch, „hodd mer bam Vobbeifoohrn am Hindern draffbadschd und hodd nou zu ihrn Moo vuur gschriea 'Heiner lang aa hii, an gschmüggdn Bfingsdochsn oofassn bringd Gligg!'"

Daraufhin schleppte sich der Eugen mit letzter Kraft bis zur Bergkuppe, wendete und raste den Berg wieder hinunter, wo auf halber Höhe die Wandergruppe noch über die radelnde Blutwurst lachen mußte. Die sich daran anknüpfende 18fache Schelln sei ein bedauerliches Versehen gewesen, erzählte der Eugen vor Gericht. „Iich hob", sagte er, „aff dera Schdrass links abbieng wolln, hob vorschrifdsmäßich mei Händ naus, und aff aamol douds Badsch, Badsch, Badsch – bissi aa in ledzdn vo däi achdzehn Foußgänger im Vobbeifoorn ausversehng a gscheide am Baggn naafg'haud hob." Es schepperte, wie wenn ein Kind mit einem Haselnußstecken im Vorbeirennen über einen Gartenzaun streicht. Nur daß ein Gartenzaun unempfindlicher ist.

Eventuell hätte er aber doch nach dem vierten oder fünften Badsch, Badsch, Badsch seine unheilbringende Hand wieder einziehen können, meinte der Vorsitzende. „Foohrn Sie amol mid achdzich Sachn an Berch noo", antwortete der Rennfahrer, „ba den Farddwind zäigsd du ka Händ mer ei."

Trotzdem wurde der Eugen wegen 18facher Serienabwatschung zu einer Geldstrafe von 1500 Mark verurteilt. „Wos der nu braucherd zu seiner Rennausrüsdung", sagte einer der geohrfeigten Zeugen danach, „des wäär a Blinker in sein Helm drinner – odder nocherdla glei an Waffnschein."

Aus der Welt der Medizin:

Der Geistheiler von Gibitzenhof

Durch Inkrafttreten der Gesundheitsreform werden nicht nur viele Zahnärzte in den Ruin oder in ein Nummernkonto in der Schweiz getrieben, sondern es ergeben sich auch auf anderen wichtigen medizinischen Fachgebieten einschneidende Veränderungen. Dem reformierten Patient und Bazillenträger von heute bleibt nichts anderes übrig, als sich von den übersinnlichen Kräften in Stadt und Land heilen zu lassen. So wie es dieser Tage auch in der brillanten Fernsehsendung Psi eindringlich geschildert worden ist.

Mit diesem überirdischen Psi schreiten wir hinfort gesund und munter durch die Welt und werden dabei höchstens vom Tod eventuell beeinträchtigt, der aber meistens erst am Lebensende eintritt. Auch in Nürnberg, Fürth, Schwabach und Erlangen haben sich zahlreiche Sendboten des Psi niedergelassen und befreien uns aufgrund ihrer kosmischen Energie für etwa 10 000 Mark von einem im Astralkörper verwurzelten Schnupfen.

Am interessantesten ist ein Besuch bei einem energetisch-transzendental orientierten Geistheiler. Man geht zu ihm, schwer beladen mit Gicht, Asthma, Rheuma und Angina Pectoris und kommt aus seiner Praxis völlig befreit von jeglichem Bargeld wieder heraus.

Ein berühmter Geistheiler in Gibitzenhof, der am Wochenende immer barfuß über glühende Kohlen durch die Natur wandert, hat uns vielleicht darüber informiert, daß die Ursache für unser

Kopfweh im Universum verankert ist. Also ziemlich weit weg, wo kein Doktor und keine Kopfwehtablette hinkommen. Er berührt deswegen mit seinen mit dem Universum verbundenen Fingerspitzen ein sogenanntes Chakra an uns, das wir bisher irrtümlich für den Kopf gehalten haben.
Kurze Zeit später entweicht schon die Migräne mit einem irgendwie zischenden Geräusch, dessen Ursache aber nicht im Kosmos, sondern wahrscheinkich in einer zuvor eingenommenen serbischen Bohnensuppe verankert ist. Die Bohnensuppe kann man über die AOK abrechnen, für die Entfernung der Wandermigräne zahlen wir ungefähr 250 Mark inklusive Wegwerfsteuer. Sie heißt deswegen Wandermigräne, weil sie nur kurz nach ihrer endgültigen kosmosmäßigen Vertreibung gemächlich wieder in unseren Kopf, beziehungsweise Chakra, einwandert.
Ausgezeichnete Heilerfolge werden auch durch jene, etwa vor zweihundert Jahren verstorbenen Ärzte erzielt, die infolge der Reinkarnation aus dem Jenseits heraus in lebende Personen wie Putzfrauen, Gemüsehändlerinnen oder Kulturreferentinnen hineinkriechen und auf diese Weise an uns ihre medizinischen Wunder aller Art vollbringen. Bezahlt wird aber meist in diesseitiger Währung.
Ebenfalls werden Patienten von einer Heilhypnose, Tiefschlafoperationen und Gesundbeten sehr begeistert sein. Zum Beispiel ist ein vermeintlich kerngesunder Herr aus Kleinreuth hinter der Veste auf diesem Weg von zahlreichen schweren Krankheiten befreit worden, von deren Existenz überhaupt niemand etwas gewußt hat. So hat er die überirdische Heilgebühr von DM 1500 gern und mit Freuden bezahlt, weil ihm nach der Heilung lediglich ein Magenkrebs, eine Leberzirrhose und ein bösartiger Tumor im Hirn verblieben sind.
Am besten wirkt jedoch eine Therapie bei einem der vielen philippinischen Handoperateure. Diese dringen mit der Hand ohne jegliche Schere und Narkose tief in unsere Eingeweide ein und entfernen dort zahlreiche erkrankte Organe. Während dieser Tätigkeit kommt er natürlich mit unserem Bauch in Berührung. Das Berühren kitzelt in starkem Maße, wir müssen unwillkürlich lachen, und Lachen ist bekanntlich die beste Medizin.

Aus der Welt der Kommunalpolitik:

Ein Gutachten zum Ersten, zum Zweiten und zum Lachen

Oft fragen wir uns, was unsere Stadträte den ganzen Tag machen. Seit gestern wissen wir es. Sie sitzen im Schweiße ihres Hinterns gesellig beisammen und überlegen sich, was sie wieder für ein Gutachten aus München in Auftrag geben könnten. Es ist nämlich jetzt das Gutachten betreffs Autoverkehr in Nürnberg angekommen, das verschiedene erleuchtete Honorarprofessoren erstellt haben. Es erläutert unter Berücksichtigung allerneuester wissenschaftlicher Erkenntnisse auf dem Honorargebiet, daß es eine halbe Million Mark kostet.

Weiters entnehmen wir diesem Gutachten ehrfürchtig und mit Staunen, daß zur Verkehrberuhigung in der Stadt womöglich die Erweiterung des Straßenbahnnetzes eine große Rolle spielen soll. Vor einigen Jahren ist uns in einem wieder anderen, auch nicht schlechten Gutachten, ganz klar errechnet worden, daß zum Wohle des Innenstadtverkehrs die Straßenbahn schleunigst verschwinden soll. Befehlsgemäß sind damals sofort die Schienen rausgerissen worden, sodaß man sie jetzt wieder verlegen kann.

Sollte sich aber der Stadtrat mit einem Raumordnungsverfahren zur Erlangung eines Straßenbahnfestlegungsbeschlusses nach Paragraph 3 der bayerischen Trittbrettfahrerordnung Zeit lassen – beiläufig eine Stärke unseres Magistrates – dann kann er sich dadurch viel Arbeit sparen. Denn höchstwahrscheinlich kommt in vierzehn Tagen wieder ein Gutachten aus München, das uns ermahnt, die Nürnberger Straßenbahn abzuschaffen. Dann ist man durch Nichtbeachtung des Erst-Gutachtens schon auf der geistigen Höhe des zweiten Gutachtens und befindet sich mit Abschaffung der bereits abgeschafften Straßenbahn in keinerlei Zeitverzug. Ein Gutachten ist überhaupt eine angenehme Sache für beide Seiten. Einerseits frischt es den Geldbeutel des Gutachters mit 500 000 Mark wieder auf in diesen lausigen Zeiten, andererseits haben die Stadräte für daheim Material zum Papierfliegerbau oder für den Kachelofen. Wer weder bastelt noch schürt, kann mit einem durchschnittlichen 1200-Seiten-Gutachten eine vierteljährige Patenschaft für einen Reißwolf übernehmen.
Trotz dieser vielfältigen Beschäftigungsmöglichkeiten empören sich manchmal Politiker über ein Gutachten. Dadurch entsteht dann das ebenfalls sehr nützliche Gegengutachten. Auch nicht von schlechten Eltern ist das häufig auftretende Gefälligkeitsgutachten. Es hat seinen Namen daher, daß es dem Auftraggeber sehr gut gefallen muß. Es soll humorvoll abgefaßt sein wie zum Beispiel das Gutachten über den Aufschwung Nürnberg 2000 oder wunderbare Fachausdrücke enthalten wie ethnographische Paraspadie, die kein Schwein versteht. Preislich kann so ein pittoreskes Gefälligkeitsgutachten sogar weit über 500 000 Mark liegen.
Gutachten bergen als weitere wissenschaftliche Grundlage in sich meist langwierige Umfragen bei ein bis zwei repräsentativen Personen, so daß der Preis auf jeden Fall gerechtfertigt ist. Am besten sind sogenannte empirische Gutachten, die sich auf alte Erfahrungen stützen. Wer rein empirisch 17 Bier trinkt, weiß im Voraus seines Gutachtens schon, daß diese Biere wahrscheinlich zu einem Generalpreller führen. Ein Zustand, dem sich viele Gutachter gern hingeben. Entweder kurz vor Erstellung des Gutachtens, oder dann wieder nach Erhalt der 500 000 Mark durch den Nürnberger Stadtrat.

Strapsfrauen in der Straßenbahn

Rein theroretisch gibt es viele Freiheiten. Wie zum Beispiel die Pressefreiheit, die Versammlungsfreiheit, die freie Wahl des Arbeitsplatzes, die Redefreiheit oder die künstlerische Freiheit. Was aber der in der Hose nicht so ganz ausgelastete Zwiebelspieß- und Bauernseufzerverkäufer Heinz S. schmerzlich vermißt, ist eine grundrechtlich garantierte Lesefreiheit in der Straßenbahn.

Dieses noch nicht existierende Gesetz ist jetzt vor dem Amtsgericht eingehend diskutiert worden. Herr Heinz S. ist an einem Freitagmittag in die Straßenbahn eingestiegen, hat sich mit sichtbarer Vorfreude hingesetzt und dann begonnen, sehr aufmerksam in einem Heft mit dem Titel „Strapsfrauen in Ekstase" zu lesen.

Dem Zwiebelspießverkäufer gegenüber ist die Hausfrau Anna W. gesessen. „Zeerschd", sagte die Anna vor Gericht, „hobbi gmaand, daß der Moo Moongschmerzn odder Asdma hodd, waller dauernd gschöönd hodd und suu arch gschnaufd." Sie hatte dem Nachbarn schon eine schmerzstillende Tablette anbieten wollen, wie sie plötzlich vor ihrem Antlitz eine

pornographische Aufnahme und die Schrift „Strapsfrauen in Ekstase” erblickt hat. In höchstem Grad erregt brüllte sie den Heinz an: „Denner'S serfordd däi Sauerei dou wech! Iich glaab, iich schbinn – naggerde Weiber in Eggsdase – und des middn am hellichdn Dooch in der Schdrasserboo!”
Der Heinz beugte sich zu seiner Nachbarin hinüber, zeigte ihr eine gelungene Darstellung von einer Vierer-Ekstase und sagte: „Gell, dou kennd mer ball nersch wern. Hosd suu an Abbaraad scho amol gseeng, dou schdeigsd mi am Fragg, hodder däi Dinger droo!” „Ihre Dinger”, sagte die Anni, „indressiern miich ibberhabbs nedd. Denner'S edzer endli däi Dreegsäi vo Weiber wech!” „Miich driffd der Schlooch”, antwortete der Heinz von den Anschuldigungen völlig unberührt, „schau der nerblouß amol däi Alde oo. Dou is doch a Kürbis a Dreeg dergeeng, odder?!”
Erst wie die Anni dem Leser von „Strapsfrauen in Ekstase” androhte, daß sie die Notbremse zieht und die Polizei ruft, hat der Heinz bemerkt, daß die Dame wohl nicht an Kürbissen, verschiedenen Positionen oder Ekstase zu viert interessiert ist. „Ja wennsder nedd g'fälld”, sagte der Liebhaber intimer Fotografien, „nou lässd mer mei Rouh und hoggsdi hald wou andersch hii.”
Daraufhin riß die Anni dem Heinz die „Strapsfrauen in Ekstase” aus der Hand, haute sie ihm erst links und rechts um die Ohren, zerfetzte sodann das Heft mit den Worten „Diir Wildsau leffd ja schon der Gaafer aus der Goschn” und warf es durch einen Fensterschlitz zur Straßenbahn hinaus. „Edzer maani”, sagte daraufhin der Heinz, „bisd aa aweng in Eggsdase. Obber wenner di suu ooschau – mid däi Weiber in mein Hefdla nichd zon vergleing. Rein kürbismäßich gseeng. Mehr a Veschberbreddla in Eggsdase.”
Das Verfahren gegen die Anni wegen zwei Watschen mit einer pornografischen Tatwaffe und der Vernichtung einer Kürbiszeitschrift im Wert von 35 Mark wurde eingestellt. „Des is mer scho gloor”, sagte der Heinz nach der Verhandlung zu ihr, „dassi dou einen Fehler gmachd hob. Iich hädd in der Schdrasserboo a Hefdla mid naggerde Männer derbei hoom solln. Obber des indressierd edzer hald miich widder nedd suu arch.”

Der heilige Konrad

In Fragen eines sittlichen Lebenswandels weichen Theorie und Praxis oft stark voneinander ab. Der Wanderprediger Konrad H. kann ein Lied davon singen. Ihm ist nach eigenen, völlig glaubhaften Bekundungen eines Nachts nach elf bis zwölf Schoppen Wein in seinem Dampf ein Erzengel erschienen und hat ihm dringend empfohlen daß er mit der Sauferei aufhört.
Angeblich trinkt der Konrad seit der Erscheinung der Klosterfrau Melissengeist keinen Tropfen Alkohol mehr, wandert stattdessen von Wirtshaus zu Wirtshaus, erzählt den staunenden Herrschaften seine Erscheinungsgeschichte und warnt so lange vor dem Teufel Alkohol, bis ihn der Wirt hinausschmeißt. Jetzt ist der Missionar wegen verschiedener Delikte vor dem Amtsgericht gestanden.
Der interessanteste Vorwurf der Anklage war, daß er in jener hochheiligen Tatnacht 3,2 Promille gehabt haben soll. Er ist damals mit seiner Taschenbibel im Anschlag mitten ins Zentrum der Sünde geschritten, nämlich in eine Animier-Bar, und hat der dort fast unbekleideten Anmacherin Edith F. zugerufen: „Mein räudiges Schäflein, kehr um und streue Asche auf dein Haupt!" Ein Befehl, der bei der Edith auf vollstes Verständnis stieß. Sie blickte kurz von ihrem Kreuzworträtsel auf und sagte: „Wennsd a Fläschla Schambers ausgibsd, machi alles miid. Weecher mir dou i mer nou aa a Aschn affn Kubf naaf, wennder des weiderhilfd."

Noch ignorierte der Konrad den Wunsch nach einer Flasche Champagner. Er berichtete der Edith vom Herrn, der alle Menschen auf Erden liebt, sogar halbnackte Animierdamen. Sie soll nicht nach Geld, Sinnesfreude oder mehreren Flaschen Sekt streben, sondern über die Allmacht des Herrn grübeln, sofort umkehren und beten.
Er erzählte dann auch noch seine legendäre Geschichte, wie der Erzengel damals sein Leben verändert hat. „Der Schein des Engels wird auch dich treffen", sprach der Laienprediger charismatisch. „Läiber wäär's mer, „antwortete die Edith, „wemmi a Hunderdmarg-Schein drefferd."
Der heilige Konrad konnte sich dann nur noch schemenhaft erinnern, daß die Dame ihm zum Aufwärmen anscheinend einen Asbach hingestellt hat. Es hat sich auch um einen doppelten oder gar vierfachen handeln können, räumte der Missionar vor Gericht ein. Jedenfalls hat der Konrad die Erzengel im Himmel singen hören, eine nicht mehr einzudämmende Freigiebigkeit ist in ihm hochgekommen, ein Jubilieren und Lallen, und der junge Herr im schwarzen Anzug hat mit den Worten „ . . . und den Menschen ein Wohlgefallen" eine Flasche Champagner bestellt. Danach noch eine.
In seinem Bekehrungseifer hatte er Krawatte, Jacke und Hemd schon abgelegt und hat bei der Edith zum Zeichen des Segens an verschiedenen freien Stellen die Hand aufgelegt. Wie die dritte Flasche ausgetrunken war, hat er geschmettert „Jesus geh voran, auf der Lebensbahn", ist im Chambre Séparée in die Gläser und Flaschen hineingeflogen und hat die Edith durch eine kleine Belastungsprobe fast zermalmt.
Dann ist er nur mit der Unterhose in Richtung Ausgang getaumelt, hat geschrien „Gott wird es dir vergelten" und wäre wahrscheinlich für immer verschwunden, wenn es ihn nicht hingebrettert hätte. Mit den Worten „Weiche von mir, Satan" ist er eingeschlafen.
Entgegen der Ankündigung vom Konrad hat Gott die drei Flaschen Champagner zu 750 Mark nicht bezahlt, und der christliche Fundamentalist ist wegen Zechbetrug, Sachbeschädigung und Körperverletzung zu einer Geldstrafe von 3000 Mark verurteilt worden. Beim Abschied aus dem Gerichtssaal hat er gesagt: „Des macht doch nix, Gott hat die Sünder lieb."

Der Jogger an der Hundeleine

Oft klagen Jogger darüber, daß sie auf ihrem Marathonlauf durch die Waldeinsamkeit schon von zehn Zentimeter großen Kampfhunden stundenlang in Schach gehalten oder am Ludwigskanal unfreiwillig bis weit hinein in die Oberpfalz gejagt worden sind. Obwohl sie eigentlich nur bis Worzeldorf laufen wollten.
Aber auch von Hundebesitzern häufen sich die Klagen, daß ihre vierbeinigen Lieblinge nach der Begegnung mit einem schwitzenden, dampflokomotivenartig schnaufenden Ungetüm von einem Jogger noch tagelang an Depressionen und Schnauzenmigräne leiden.
Die Begegnung zwischen dem Jogger Rüdiger L., dem Hundebesitzer Franz W. und dem Hochland-Afghanen namens Heiner im Erlenstegener Wald zeigt, daß sich die Situation zwischen sporttreibenden Menschen und im Trainingslager befindlichen Hunden aufs äußerste verschärft hat. Franz W. hat sich jetzt wegen vorsätzlicher versuchter Menschendressur vor dem Amtsgericht verantworten müssen.
In seiner Aussage am Gericht gab Franz W. an, daß es damals überhaupt keinen Grund zur Aufregung gegeben hätte. Ausdrücklich habe er diesem Jogger, wie sein ziemlich wuchtiger Hochland-Afghane an ihm hochgesprungen ist, vollkommen beruhigend zugerufen: „Mei Heinerla doud doch nix, der will blouß schbilln."
Diese Worte hatten Herrn Rüdiger L. aber keineswegs beruhigt. „Des hodd doch mid Schbilln nix zon dou", brüllte er in höchster Erregung, „wemmer des Viech die halberde Noosn wechbeißd." Wie der Hochland-Afghane Heiner den Rüdiger

kurz einmal aus den Fängen gelassen hatte, schrie der Jogger: „Sie denner edzer serfordd Ihrn Scheiß Köder an die Leine, sunsd hulli die Bollizei!"
Aus den Worten „Hald dei Maul und renn weider" konnte man entnehmen, daß der Franz seinen Heiner nicht anleinen wollte. Wie der Rüdiger den Befehl vom Anleinen ungefähr zum fünftenmal geäußert und Name und Anschrift des Hundebesitzers verlangt hatte, sagte der Franz: „Wennsd edzer nedd glei dei Waffl hälsd, nou nimmi diich an die Leine."
Noch einmal begehrte der Jogger kurz auf, dann setzte das Herrchen vom Hochland-Afghanen Heiner seine Ankündigung in die Tat um. Blitzschnell legte er dem Rüdiger eine sich bei Gegenwehr zuziehende Kette um den Hals und schleifte den Jogger dann ein paar Meter hinter sich durch den Wald her. Dem Jogger war schon ein bißchen der Hals zugeschnürt, so daß er fast nicht mehr schnaufen konnte.
Nur so ist es vielleicht zu verstehen, daß der sich vermeintlich in Todesangst befindliche Jogger die anschließend erfolgten Befehle folgsam ausführte. „Sitz!", brüllte ihn der Franz an und zog die Hundekette noch eine Kleinigkeit mehr zu. Der Jogger setzte sich. „Und edzer", kam der nächste Befehl vom Franz, „leffsd aff alle Vier schäi hinder mir her." Herr Rüdiger L. krabbelte befehlsgemäß hinter seinem Gebieter.
Kurz danach kam dem außergewöhnlichen Gespann, bestehend aus einem schreienden Herrchen, einem vor Freude bellenden Hochland-Afghanen und einem angeleinten, auf Knien und Händen kriechenden Jogger, ein Spaziergänger entgegen. Vor Gericht erinnerte sich dieser Zeuge: „Iich hob zeerschd gmaand, des sin die neier Drääningsmedoodn vom Glubb. Obber dann hodd der Moo aff aamol gschriea 'Wie machd der Hund!?', und nou hodd der Dschogger fei belln mäin. Obwohl er mid dera Keddn ball ka Wordd mehr rausbrachd hodd." Kurze Zeit später befreite die Polizei den um Hilfe bellenden Jogger.
Franz W. wurde wegen Nötigung und Körperverletzung zu vier Monaten auf Bewährung und einer Geldstrafe von 3600 Mark verurteilt. „Diich derwischi scho widder, Bärschla", knurrte der Hundebesitzer nach der Verhandlung dem Jogger zu, „und nou lerna mer als nexde Lektion es Schwanzwedln. Dou wersd schauer!"

Die Lücken des Ladenschlußgesetzes

Das Ladenschlußgesetz erscheint vielen kauffreudigen Menschen als ein schwerer staatlicher Eingriff in ihre Freiheit, Menschenwürde und Privatsphäre. Bei ihnen besteht die Menschenwürde darin, daß man um 23 Uhr überall noch einen Ring Stadtwurst kaufen kann oder um Mitternacht ein Persianerjäckchen. Der Architekt Willi M. hat darauf bestanden, daß man ihm früh um halbvier eine Rolle Pfefferminz aushändigt.

Er ist jetzt vor dem Amtsgericht gestanden und hat sich aufgrund eines kleinen Kameradschaftsabends an nichts mehr erinnern können. „Iich hob", erklärte er dem hohen Gericht, „einen schweren Gribbeanfall g'habd. Und nou hobbi a boor Grog drunkn." Laut der Aussage des Gastwirts möchten es beiläufig zehn Grog mit doppeltem Rum, von ganz wenig Wasser getrübt, gewesen sein.

Der Apotheker Franz F. konnte sich aber im Gegensatz zu dem im Grog- und Grippedelirium befindlichen Willi noch ziemlich genau an diese Nacht erinnern, in der mit ihm und dem Ladenschlußgesetz Schindluder getrieben worden ist. Da soll

es mitten in der Nacht an der Notfallglocke minutenlang Sturm geläutet haben.
Wie der Franz schlaftrunken hinuntergerannt ist, hat er an dem kleinen Fensterchen zunächst nichts gesehen. Dann ist in dem Nachtschalterfenster zeitlupenartig ein roter Kopf wie der leuchtende Feuerball der Morgensonne aufgetaucht. Die Morgensonne hat stark nach Rum gerochen und gelallt: „Horch amol, Herr Abordeeger, häsd amol a Bäggla Bfefferminz dou. Weecher die Bolli, dassi nedd suu arch nach Algerhol riech, wenns mi aafhaldn." Daraufhin hat der Apotheker sich mit lauter Stimme verbeten, daß man ihn um halbvier wegen Pfefferminz weckt, und hat den Nachtschalter wütend zugeknallt.
Fünf Minuten später hat es wieder geläutet. Erwartungsgemäß war es erneut der Willi. „Bfefferminzbombom, obber aweng schneller wäi sunsd!", brüllte er laut, reichte seinen soeben im Auto gefundenen Führerschein durch das Fenster mit der Bemerkung: „Dou is es Rezebd, du Aff. Iich bin Briwaadbaziend." Danach hat er den Kopf des Apothekers an der Nase ein Stück weit durch das kleine, enge Fenster gezogen und ihm dabei die Ohren verletzt. Dabei hatte er gedroht: „Wenni edzer nedd serfordd meine Bfefferminz gräich, zäich i dein Gniedlaskubf ganz durchs Fensderla."
Kurz danach kam aber die vom Apotheker alarmierte Polizei und nahm den Willi fest, wie er gerade mit seinem Auto ganz knapp vor die Apothekentür gefahren ist und aus dem Wagenfenster herausgeschrien hat: „Meine Bfefferminz her! Sunsd foohri in die Abodeegn nei!" Noch im Streifenwagen hat der Willi auf der Fahrt bis auf die Wache gebrüllt: „Ja simmer denn in einen Bollizeischdaad, odder wos!? Freie Bfefferminz fiir freie Bürger!!"
Wegen Nötigung, Körperverletzung, Beleidigung, 2,4 Promille am Steuer und Fahrens ohne Pfefferminzbonbon wurde Herr Willi M. zu einem Jahr Führerscheinentzug, drei Monaten mit Bewährung und einer Geldstrafe von 8000 Mark verurteilt.
Mit einer Reform des Ladenschlußgesetzes, wo Apotheken rund um die Uhr geöffnet sind, wäre das kleine Mißgeschick nicht passiert, und der Apotheker hätte noch dazu früh um halbvier einen zufriedenstellenden Umsatz von DM 1,20 für eine Rolle Pfefferminz machen können.

Aus der Welt der Notdurft:

Das Nürnberger Millionen-Häuschen

Wie wir hören, plant die Stadt Nürnberg in Form einer neuen Toilettenanlage im Rathaus wieder ein bemerkenswertes Bauwerk, das in die Annalen eingehen wird. Es soll ungefähr eine halbe Million Mark kosten. Schon hat der Millionen-Abort aber die Kritiker auf den Plan gerufen, die die Investition von 500 000 Mark für hinausgeschissenes Geld halten. Man soll dafür lieber was Sinnvolles bauen. Dazu ist zu sagen, daß erstens in was Sinnvollem kein Mensch seine Notdurft verrichten kann, und daß zweitens jedes repräsentative Bauwerk in einer Stadt, die hinten und vorne kein Geld hat, bis zur höchsten Vervollkommnung geplant werden muß.

Edelstahlrinnen, Blattgoldbrillen, vollautomatische, computergesteuerte Seifenspender und Sphärenklänge aus der Schüssel für 500 000 Mark erscheinen für eine Metropole wie Nürnberg sogar noch ein bißchen zu bescheiden. Ein behördlicher Abort soll eine Stätte der Begegnung sein, ein Salon, wo sich vieles zu voller Größe entfalten können muß. Der Besucher soll von dem Gefühl umhüllt sein, daß dort jeglicher Druck wie ein überreifer Apfel von ihm fällt.

Schon der französische Sonnenkönig hat um die Bedeutung der Kloschüssel gewußt und auf ihr täglich seine Sitzungen im Kreis des Ministerrates und der mit Gasmasken ausgestatteten

Hofschranzen abgehalten. Nur so sind ernste politische Gespräche oft von lustigen Zwischentönen unterbrochen worden, bei deren Herstellung es dem Monarchen die Augen herausgewälzt hat.
Sicher, diese herrlichen Zeiten der majestätischen Blasmusik sind vorbei, und es steht einem in keiner Weise blaublütigen Oberbürgermeister auch nicht zu, daß er seine Referenten wie seinerzeit Ludwig XIV. huldvoll am Thron sitzend empfängt. Aber immerhin könnte man durch den Einbau einer Stereoanlage erreichen, daß das eine oder andere gekonnte Trompetensolo eines Nürnberger Ratsherrn nach außen übertragen wird. Die Mehrkosten trägt die Bürgerschaft gerne, denn sie kann dafür am Hauptmarkt kostenlos den Darbietungen lauschen, die an die Fanfaren mittelalterlicher Herolde gemahnen.
Ein städtischer Abort soll ein Gesamtkunstwerk sein. Am Eingang könnte den Notdürftigen ein Streichquartett mit einschmeichelnden Sonaten oder der Träumerei von Schumann erwarten. Es lockert den Stuhlgang. Das Klopapier soll aus handgeschöpftem Bütten mit Goldschnitt gefertigt sein. Statt der herkömmlichen Spülung lösen wir durch einen digitalen Knopfdruck verschiedene anschmiegsame Springbrünnlein aus, die uns dann von hinten kaskadenartig im Walzertakt umspülen. Die dazu passende Musik kann dem gema-freien Oeuvre des französischen Komponisten Georges Bidet entnommen werden.
Millionen und Abermillionen müssen in einen Designer-Abort investiert werden, so daß spätere Generationen auch nach zwei Stunden keinen pelzigen Hintern kriegen und sich dankbar an die filigrane Kunstfertigkeit der Nürnberger Installateurmeister des ausgehenden 20. Jahrhunderts erinnern. Früher ist die Kunst eines Adam Kraft und der Ruf seines Sakramentshäuschens hinaus in die Welt gedrungen, nach Fertigstellung der Prunkrinne im Rathaus wird man bis hinaus nach Cadolzburg und Roßtal ehrfürchtig vom Ruhm des Nürnberger Aborthäuschens sprechen.
PS: Den Druckfehler im ersten Absatz bitten wir zu entschuldigen. Statt „hinausgeschissenes Geld" muß es natürlich heißen „hinausgeschmissenes Geld".

Aus der Welt der Basisdemokratie:

Freie Fahrt für Freibiertrinker

Kurz vor den Wahlen zum Europaparlament breitet sich in uns eine große Enttäuschung aus. Durch die Willkür des Bayerischen Landesamtes für Statistik können wir am 12. Juni nämlich lediglich unter 24 politischen Parteien wählen.
Zwar sind die wichtigsten politischen Gruppierungen zugelassen, wie zum Beispiel die Partei Bibeltreuer Christen, von denen wir uns einen Umschwung in Europa erwarten, wer aber vertritt in Brüssel und in Straßburg die Interessen der Geflügelzüchter Zerzabelshof e.V., wer kümmert sich um die Belange mittelfränkischer Nichtschwimmer, wem liegt das Schicksal der Gartenzwergbesitzer am Herzen? Es muß endlich mehr Parteienvielfalt herrschen, vierundzwanzig politische Parteien – das ist nicht mehr als ein Tropfen auf den heißen Kopf.
Wir geißeln das Unterdrücken verschiedener politischer Richtungen auf das Schärfste. Schon macht man sich selbst über den Kampf einiger zugelassener, um das Wohl der Menschheit ernsthaft besorgter, Gruppen lächerlich.
Wie wohltuend ist etwa das Programm der auf Platz 16 der Wahlliste rangierenden Naturgesetz-Partei Aufbruch zu Neuem Bewußtsein, und wie wird diese Partei bereits durch unsachliche Kritik verunglimpft?
Es handelt sich bei der Naturgesetz-Partei Aufbruch zu Neuem Bewußtsein um eine tapfere Vereinigung von Tieffliegern. Wie wir in ihrem Fernsehbeitrag erfahren durften, propagieren sie das Herumhüpfen im Yoga-Sitz, das sich im Lauf der nächsten Legislaturperiode zum Fliegen durch die Lüfte steigern

soll. Wie jeder weiß, erzeugt dieses yogische Fliegen starke Schwingungen, mit denen man zum Beispiel die Kriminalität, Hunger und Arbeitslosigkeit zum Aussterben verurteilen kann. Allein der Einsatz von 7000 yogischen Fliegern macht die Polizei im ganzen Land überflüssig.

Auch die Autofahrer-Partei Deutschlands ist nicht von schlechten Eltern, die den Listenplatz 12 innehat. Sollte es im Europaparlament zu einer Koalition der Naturgesetz-Partei und der Autofahrer-Partei kommen, wird der Tag nicht mehr fern sein, wo sich der Himmel verdunkelt und Millionen von yogisch hüpfenden Autos majestätisch durch die Lüfte schweben. Freier Tag für freie Hirnheiner!

Jedenfalls soll uns das Beispiel der Hüpfer, Autofahrer oder etwa der Partei Bibeltreuer Christen als leuchtendes Beispiel vor Augen stehen, wenn wir uns ebenfalls als Parteivorsitzender um eine Schlafstätte im Europaparlament bewerben.

Wir wissen zum Beispiel, daß das schöne Kartenspiel Farbensammeln seit Jahrzehnten unterdrückt wird. Es gärt in Kartlerkreisen, die Gründung der PWF (Partei zur Wiedereinführung des Fingerbitzelns) steht unmittelbar bevor. Auch die Verfechter zur Förderung der Einnahme von möglichst viel Freibier formieren sich seit einiger Zeit und scheinen sich mit dem im Untergrund arbeitenden Verbund der Kämpfer für eine Novellierung der Fallgesetze zu vereinigen.

Mit Recht verlangen auch die bei der letzten Zwick-Spendenausschüttung leer ausgegangenen Politiker die Gründung einer eigenen Partei, die sich energisch für eine gerechtere Verteilung von Schmiergeldern für Minister einsetzen will.

Yoga-Hüpfer, Bibelforscher, Kolbenfresser-Demokraten, die Bayerische Geheimkonto-Partei, Graue Panther, Blaue Dragoner. Ein erster Schritt zur totalen Basis-Demokratie, der endlich wieder mal Mut macht.

Wir sollten aber beim Fliegen im Yoga-Sitz nicht die Hände in den Schoß legen, sondern danach trachten, daß wir bald auch eine Gesäßtransplantationspartei haben, eine Partei der fränkischen Schleierschwanzzüchter, eine biodynamische Nasenbohrer-Partei, und auf jeden Fall eine Partei zur Vermehrung der Parteienvielfalt im Rahmen der gesamteuropäischen Hupfnorm.

Drei Schelln für den Chef

Oft weiß man als Radiohörer bei Direktübertragungen aus Bonn nicht genau: Ist es der Kanzler persönlich, der Erklärungen zur Lage der Nation abgibt, oder blödelt wieder nur einer der zahlreichen Stimmenimitatoren, denen wir wahrscheinlich auch die neuen Postleitzahlen verdanken, das Solidarpaket und die Karenztage.
Ein ähnliches Schicksal ist dem Einzelhandelskaufmann Herbert K. widerfahren. Bei ihm ist es allerdings nicht um das Bruttosozialprodukt gegangen, sondern um netto drei Schelln. Irrtümlich verabreicht von dem bei ihm angestellten Sachbearbeiter Werner A. aus Schniegling.
Dort in Schniegling hat am Neujahrsmorgen früh um halb fünf, eine für geschäftliche Anrufe sehr angenehme Dienstzeit, das Telefon geläutet. Wie der Werner, noch ganz benebelt von Tischfeuerwerk und Feuerzangenbowle, ein höfliches „Wos issn edzer los?" hineingelallt hat, ist am anderen Ende stimmlich klar erkennbar sein Chef, der Einzelhandelskaufmann Herbert K., drangewesen. Sofort hat der Werner seine Tonart gewechselt: „Ja Sie sins, Scheff. A suu a Überraschung! A xunds

neis Joohr gell, und der Frau fei aa. Sin'S goud niiberkummer?" Worauf der Chef antwortete: „Du Nulpe häldsd edzer amol dei Maul mid deiner Roodfohrerei. Ob mei Frau goud niiberkummer is, gäid diich Aff an Scheißdreeg oo. Mir drobfd dei Gschmarri scho zu di Ohrn raus. Fiir dich Doldi fälld haid der Erschde und der Ledzde aff an Dooch. Endlassn, kündichd! Am Mondooch Babiere abhulln!"
Der Werner lauschte auf das langsam abebbende Gebrüll, das entschieden die Stimme seines Herrn war, und flötete dann zaghaft in die Muschel: „Herr Scheff, hommer gwiss a Kleinichkeid drunkn? Woors a schäine Feier, gell?" „Beddbrunzer, bläider!", tönte es zurück, „Dir Hornochs werri glei helfn, miich als Algerholigger hiischdelln. Dei Brood is baggn! Am Mondooch fläigsd – braugsd kann Brobeller!" Dann war das denkwürdige Gespräch zu Ende.
Der Werner verbrachte drei schlaflose Nächte, trat am Montagfrüh vor den Schreibtisch seines Herrn und sprach nahezu hochdeutsch: „Alles mou man sich nicht gfalln loun. Auch meine Ketult hat Krenzen. Ich pin kein Pettprunzer." Und mit den Worten „Wenn i scho kündichd bin, nou glei gscheid" verabreichte er dem Abteilungsleiter Herbert K. drei Ohrfeigen. Als dieser von den Schelln vollkommen überraschte Herr um eine Erklärung bat, trat der für seine Kunst als Stimmenimitator berühmte Kollege Dieter B. ins Büro, sagte in der perfekten Ausdrucksweise des Chefs zum Werner: „Beddbrunzer bläider, häsd doch nedd glei hiihauer mäin."
Vor Gericht erklärte der Zeuge Dieter B., daß ein Teil der Belegschaft gemeinsam sehr fröhlich Silvester gefeiert und dann früh um halbfünf beschlossen hat, dem Hochradfahrer Werner mit der Stimme seines geliebten Vorgesetzten fristlos zu kündigen. Das Verfahren vor dem Amtsgericht endete verhältnismäßig glimpflich, die verschiedenen Kündigungen, auch gegen den Imitaionskünstler Dieter B. wurden mit einem versöhnlichen Handschlag zurückgenommen. Herbert K. nahm seine Anzeige wegen drei Schelln aus heiterem Himmel zurück. Der Dieter als Verursacher mußte lediglich die Anwaltskosten tragen. „Am Mondooch nach Silfesder an frischgfodzdn Scheff", sagt der Stimmenimitator, „suwos hodd mer nedd alle Dooch. Des is mer scho a boor Marg werd."

Wie man sich gegen einen Greifbagger wehrt

Das Tätscheln von Wangen, Backen, Beinen oder anderer weiblicher Lustballons ist ohne ausdrückliche Erlaubnis der jeweiligen Dame während der Arbeitszeit bekanntlich nicht mehr gestattet und kann zu Disziplinarmaßnahmen führen. Sehr zum Leidwesen mancher Bürovorsteher, die infolge dieser Sittenverschärfung ihre chronische Fingernervosität jetzt häufig mit Nasenbohren kompensieren. Wobei der Materialgewinn den Lustgewinn aber meistens bei weitem übersteigt. Der Abteilungsleiter Herbert S. ist wegen dieser Frustrationen im Nasalbereich doch lieber wieder zum altgewohnten früheren Busengrapschen zurückgekehrt und genießt in der Firma den Ruf des gefürchtetsten Greifbaggers weit und breit und tief. Jedoch hat er bei seinen Nachstellungen anscheinend die Warnung des Sprichworts nicht bedacht, daß der Krug nur solange zur Brunhilde geht, bis dieser der Kragen platzt. Herr Herbert S. hat mit seinem schwerverletzten Intimbereich in die Ambulanz eingeliefert werden müssen.
Jetzt ist er als Zeuge vor dem Amtsgericht gestanden. Die Sekretärin Brunhilde W. ist wegen Schwellkörperverletzung angeklagt gewesen. „Alles", sagte die Brunhilde, „alles mou mer si ja wergli nedd gfalln loun. Vuur den Unhold is ja nedd amol unser Gubby-Weibla im Agwarium sicher gween. Normool mäißersd ba suu an Scheff a Blechhuusn als Diensdgleidung gschdelld gräing. Manchmool hosd gmaand, der

nimmd die Fäiß aa zum Griffln – suu schnell hodd der iiberool hiiglangd."

Eines Tages waren der Sekretärin Brunhilde W. die polypenartigen Übergriffe und Tiefausläufer ihres Chefs zuviel und sie kündigte für den nächsten Überfall auf ihre Unterwelt gravierende Gegenmaßnahmen an.

Brunhilde W. war gerade über dem Jahresabschluß gesessen, hatte das Lineal für Unterstreichungen in der Hand, als der Herbert von hinten wieder einmal verträumt mit beiden Händen Maß an ihren Weltkugeln nahm. „Ach, doud des goud", soll er dabei gesagt haben. Sekunden später wälzte sich der Herr Abteilungsleiter von einem jähen Unterleibsschmerz durchfahren am Boden.

„Es woor grausam", schilderte er seinen Zusammenbruch vor Gericht, „däi Frau dreedsi blidzschnell rum und schnalzd mid den Lineal mid aller Wuchd genau aff mein Dings draff – also direggd ins Zendrum. Wenn'S wissn, wossi maan, Herr Richder. Mir is die Lufd wech bliem und schlechd is mer worn. Des woorn Schmerzzn, iich hob die Engl im Himml singer heern."

„Ner goud, daß die Engl im Himml sin", sagte die Brunhilde, „sunsd wäärn denni ihre Lungerfliigl aa nedd vuur den seine Händ sicher."

Der katapultartige Hieb mit dem Lineal genau in den Herbert sein Eros-Center soll heute noch katastrophale Nachwirkungen haben. Immer wenn der Abteilungsleiter intim werden will, muß er infolge einer Zwangsneurose an ein Lineal denken, das ihn an ein Fallbeil gemahnt, und der Verkehr bricht vollkommen zusammen. Über dieses Gebrechen legte der Herbert ein ärztliches Attest vor. „Dassi nedd lach", sagte die Brunhilde ungerührt, „den sei Sexual-Drieb is hexdns gschdörd, wemmern Handschelln ooleechd."

Die Sekretärin wurde vom Vorwurf der Körperverletzung freigesprochen. Den vernichtenden Schlag mit dem Lineal wertete das Gericht als präventive Notwehr. „Schood derfiir", sagte die Brunhilde zu ihrem ehemaligen Chef, „dassi ba Ihner nemmer ärwern dou. Sunsd däädin Ihner es nexd mool durchn Bleisschdifdschbidzer dreher. Nou kenndn'S wenigsdns schreim dermiid, wenn'S sunsd ka Verwendung mehr derfiir hom."

Der dichtende Weihnachtsmann

Den Höhepunkt jeder Vereinsweihnachtsfeier bildet der feierliche Auftritt des Vereinsweihnachtsmannes, der die Herzen der Kinder durch selbergemachte Verse und Schüttelreime oft eine Stunde und länger erfreut, so daß sie bei der anschließenden Bescherung schon tief und fest schlafen.
Selten werden die wunderbaren, in langen Nächten geschmiedeten Gedichte für die Nachwelt erhalten. Im Fall des Auftritts des Weihnachtsmannes Erwin F. haben einige Verse jedoch ihren Niederschlag im Polizeiprotokoll gefunden und bleiben so in unauslöschlicher Erinnerung. Vor dem Amtsgericht hat sich dieser Weihnachtsmann allerdings in keiner Weise mehr an seine hohe Dichtkunst erinnern können.
Der Weihnachtsmann und zweite Schriftführer Erwin F. war vor seinem Auftritt so nervös, daß er sein Lampenfieber nur mit Hilfe einiger doppelter Birnenschnäpse in den Griff gekriegt hat. „Des woor", sagte der erste Vorsitzende als Zeuge aus, „eine Blamaasch, daß nemmer schenner gäid. Der is aff der

Bühne droomer gschdandn, um a Hoor wäärer iiber sein Sagg driiber gschdolberd, und nou hodder brilld 'Vo drauß vo Dings, dou kummi her, und iich mouß Eich soong – edzer wassi nemmer weider' und nou isser umgfluung. Iich schädz, daß der mindesdens siem, achd Schnäbs und a boor Bier g'habd hodd."
Der Weihnachtsmann Erwin F. hat nach seinem kurzen, beeindruckenden Auftritt die Flucht ergriffen. In der Bayreuther Straße ist er in eine Verkehrskontrolle geraten. Mit großer Mühe kämpfte sich der Erwin aus seinem Auto, blieb an seinem langen, roten Mantel hängen, kam ins Straucheln und trat dem Polizeiobermeister aus Versehen mit den schweren Schaftstiefeln gegen das Schienbein.
Zunächst wußte der Polizist nicht genau, auf welcher Seite er mit dem Sendboten des Himmels sprechen sollte, denn der Erwin hatte vorn ein Gesicht und am Hinterkopf in Form der Weihnachtsmannmaske noch eines. Von wo er jetzt so schwer betrunken herkomme, wollte der Polizist wissen. Und genau in diesem Augenblick fiel dem Weihnachtsmann und zweiten Schriftführer sein langes, selbergemachtes Gedicht wieder ein, das ihm auf der Bühne entfallen war. "Vo drauß vom Walde kummi her", brüllte der Erwin, „und iich mouß Eich soong, miich schüddlds schwer."
Nach kurzem Nachdenken fielen dem Erwin zwei weitere, herrliche Reime über einen Jörg und einen Andreas ein. „Der Jörg", schrie er den erstaunten Polizisten an, „der is ein braves Kind, drum ich für ihn hier ein Päcklein find." Er suchte kurz nach dem Päcklein für den Jörg, fand es nicht und fuhr schon fort: „Der Andi muß noch mehr dränieren, dann brauchd er am Schbillfeld nicht so frieren."
Es waren seine letzten weihnachtlichen Worte, bevor er zur Blutprobe ins Krankenhaus kam. Dort wurde errechnet, daß er sich 2,3 Promille Mut für seinen Auftritt als Weihnachtsmann und Dichterfürst angetrunken hatte. Es machte 4000 Mark Geldbuße, drei Monate auf Bewährung und ein Jahr Führerscheinentzug.
Der erste Vorsitzende dichtete dem Weihnachtsmann beim Abgang aus dem Gerichtssaal hinterher: „Der Erwin kann wie kein anderer saufen. Dafür darf er jetzt ein Jahr lang laufen."

Die wandelnde Camping-Liege

Wer einen Balkon oder gar einen zwei mal drei Meter großen Vorgarten hat, kennt die Heimtücke der sogenannten Camping-Liege. Man schreitet vorzugsweise in den Sommermonaten auf seinen Balkon, legt sich zu einem Nickerchen auf diese Liege und fällt fünf Sekunden später durch den in ihr eingebauten Klappmechanismus auf die Waffel. Häufig bricht die Campingliege auch vollkommen in sich zusammen.
Der Schrebergärtner Dieter S. ist heuer an einem der letzten warmen Herbsttage in seiner Liege sogar einige Zeit gestanden und danach eine halbe Nacht lang gefangen gewesen. Sein Nachbar Gerhard B. hat sich wegen Freiheitsberaubung mit Hilfe einer Campingliege vor dem Amtsgericht verantworten müssen.
Er hat sich vollständig unschuldig gefühlt. „Iich hob den Moo", sagte er vor Gericht, „nerblouß an glann Schubserer geem, und nou binni widder in mein Garddn niiberganger." Zu dem kleinen Schubserer fühlte sich Gerhard B. berechtigt, denn er hatte seinen Bier trinkenden und Wanderlieder gröhlenden Nachbarn über den Zaun hinweg mehrfach um Ruhe gebeten.
Nach dem letzten freundschaftlichen „Wennsd edzer nedd glei dei Goschn häldsd, nou schebberds!" erschien der Gerhard wie angekündigt im Nachbarsgarten und gab dem Dieter einen Schubserer. Beziehungsweise das, was er für einen Schubserer

hält. „Der hodd mi am Hemmerd baggd", erinnerte sich der Dieter, „vo meiner Campingliege houchzuung und widder in die Liege mid aller Gwald neigschmedderd."
Durch die Wucht sind über dem Dieter das Fußteil der Liege und das Kopfteil zusammengeschlagen wie seinerzeit die Wogen der See, als Moses sein Volk durch das Rote Meer führte. Allerdings ist Moses damals schon wieder am Ufer gewesen. Der Schrebergartenpächter Dieter S. ist aber zum Zeitpunkt des Hereinbrechens der Campingliegen-Teile noch auf dem Mittelteil seines Feld-, Wald- und Wiesenbettes gelegen, zu einem kleinen handlichen Paket zusammengequetscht.
Es spielte sich nach dem Zusammenklappen ein Campingliege-Drama größten Ausmaßes ab. „Wenni däi drei Seidla Bier nedd drunkn hädd", vermutete der Dieter, „wääri aus dera Liege ewendwell selber rauskummer. Obber suu – es woor nix zu machn, Herr Richder." Es sollen nach Bekunden des Nachbarn nicht drei, sondern eher schon dreizehn Seidlein Bier gewesen sein. Nach einigen vergeblichen, stundenlangen Befreiungsversuchen ließ sich der Dieter zusammen mit der Campingliege auf die Seite fallen. Aber auch dabei blieben beide innig verbunden. „Obber ba den Umfalln", erinnerte sich der Gefangene, „sin aff aamol meine Baaner frei gween. Und iich hob wenigsdns aweng laafn kennd."
Für diese eigentümliche Art der Fortbewegung damals war der Ausdruck Laufen aber stark übertrieben. Durch die Nacht der Vorstadt wankte ein panzerähnliches Gebilde, ziemlich flach, schwer schwankend, mit zwei kurzen Beinen. Hin und wieder fiel es um und schrie dann "Hilfe! Kommer nedd amol wer däi Scheiß Liege aafglabbn!" „Im erschdn Momend", sagte der Führer einer Polizeistreife aus, „hommer gmaand, dou ia a südamerikanische Rienschildgröödn ausn Diergarddn ausbrochn. Obber däi kenner ja nedd um Hilfe schreier." Die Polizisten befreiten den Dieter schließlich aus der Campingliege. Der Gerhard wurde wegen Körperverletzung und Einschließen eines Menschen in ein Klappbett zu einer Geldbuße von 400 Mark verurteilt. „Obber braggdisch wäär des eingli scho gween", sagte der Angeklagte danach zu seinem Nachbarn, „wemmer an sei Beddschdadd hiigwachsn is und sugoor bam Laafn immer aweng schloufn konn."

Aus der Welt der Volksvermehrung:

Ein Reißbrett vorm Kopf

Wie man hört, will demnächst der Nürnberger Stadtrat durch einstimmiges Aufprallen der eingeschlafenen Köpfe auf die Tischplatten des Plenarsaales beschließen, daß das berühmte Entwicklungskonzept 2000 endlich in die Wirklichkeit umgesetzt wird. Unter anderem hat der stets nach großartigen Baudenkmälern lechzende Nürnberger Chef-Polier Professor Anderle im Süden der Stadt wieder einige völlig funktionslose Wiesen entdeckt, die man nach zügigem Zupflastern mit venezianischem Granitgestein und gläsernen Palästen sofort einer höheren Bestimmung zuführen kann.

Zwischen Worzeldorf und Kornburg soll bekanntlich eine neue Trabantenstadt für 20 000 Einwohner entstehen. Es muß jetzt nur noch fieberhaft nach 20 000 Einwohnern für dieses Potackenfeld-City gesucht werden, und dann wird sogleich unter den Augen der internationalen Presse der 1. Spatenstich erfolgen.

Anschließend wird ein Aufatmen durch die Bevölkerung gehen. Endlich können dann nämlich in der dem nutzlosen Worzeldorfer Filz- und Sumpfgebiet abgetrotzten Baulandfläche Obdachlose ein Penthäuschen oder eine marmorgetäfelte Maisonette-Unterkunft zum Sonderpreis von vielleicht nur sechs- oder siebenhunderttausend Mark erwerben, endlich erhalten die Kartoffeläcker und Kornfelder dort eine Raumordnung, endlich kommt der südliche Nürnberger Reichswald in den Genuß einer Verkehrsanbindung, so daß Pfiffer, Schwarzbeeren und Eichelhäher innerhalb von siebeneinhalb Minuten am Hauptbahnhof sind.

Zu hoffen ist, daß neben Stadtbahn, U-Bahn, Hochbahn auch eine achtspurige Autobahn nach Worzel-City errichtet wird. Weiter hinten in den derzeit noch existierenden Dörfern Gaulnhofen, Pillenreuth, Weiherhaus und Herpersdorf ist nach ihrer vollkommenen Planierung sogar noch Platz für NUER II, den zweiten Nuremberger International Airport. Von dem aus dann die örtliche Bevölkerung in weit entfernte Erdteile fliegen kann, wo es noch Wiesen, Felder und Wälder und eine halbwegs frische Luft gibt.
Schon schlummern in den Schubladen unserer unermüdlichen Stadtvergrößerer weitere bewundernswerte Pläne, wie noch billiger Wohnraum geschaffen und die Metropole eventuell zu einer Zehnmillionen-Einwohner-Stadt gemacht werden kann. So sollen in den Schmausenbuck hinein mittels dem sogenannten Schildvortrieb etwa fünfzehn Stockwerke stollenartig freigelegt werden, so daß man dort nach dem Vorbild des Ameisenhaufens schon wieder Bauplätze für zirka drei bis vier Millionen Menschen findet. Auch soll der Dutzendteich nach Vorbild des Volksbades mit Spanplatten abgedeckt werden und dann zwei Millionen Menschen eine neue Heimstatt bieten.
Ebenfalls schreit natürlich das Rest-Knoblauchsland förmlich nach einem Raumordnungsverfahren und einer achtstöckigen Bebauung. Wahrscheins wird das gesamte Stadtgebiet im Jahr 2000 aufgestockt, so daß man die Fläche Großnürnbergs nach oben beliebig erweitern kann und der Turmbau zu Popel ein Dreck dagegen sein wird.
Auch für jene Herrschaften, die meinen, eine Natur gehört irgendwie zum Leben, ist im großartigen Nürnberger Entwicklungskonzept 2000 selbstverständlich gesorgt:
Himmel und Sterne kann man im Planetarium am Plärrer (Öffnungszeiten 9-18 Uhr) besichtigen, Lurche, Molche, Flachlandtapire, Kurzstreckenleguane, Affen und Rindviecher im Tiergarten, Pflanzen aller Art im Botanischen Garten in Erlangen.
Und der für die Befruchtung und zum Schnaufen notwendige Wind wird im Nürnberger Rathaus und im Baureferat täglich zwischen 8 und 16 Uhr reichlich hergestellt.

Aus der Welt des Abfalls:

Mülltrennungsschmerz

Seit dieser Woche kommt zu uns der Gelbe Sack ins Haus. Es handelt sich dabei nicht um den Bundespostminister, sondern um ein vollkommen neues Nürnberger Müllkonzept. Neue Müllkonzepte werden etwa alle zwei Wochen entwickelt, erprobt, wieder verworfen und schon vom nächsten Müllkonzept abgelöst. So behält der Bürger einen guten Überblick über die allgemeine Abfallsituation.

In den Gelben Sack kommen zum Beispiel nur Polyethylenterephtalate, Polyethylen-High density, Polyvynilchloride, Polypropylen und Polystryrol. Über ein ordnungsgemäßes Sortieren der verschiedenen Polythylene wacht die duale Plastik-Polyzei.

Neben dem Gelben Sack stehen uns aber auch Grüne Tonnen zur Verfügung. In manchen Gemeinden sind die Grünen Tonnen blau, während der Gelbe Sack grün ist. In die blauen Grünen Tonnen kommt Wellpappe hinein, Zeitungspapier ohne Prospektmaterial, Prospektmaterial ohne Zeitungspapier, Schreibpapier. Laut der Müllfibel des Landkreises ist jedoch Hygienepapier, Kohlepapier und Papier aus Aluminium kein Papier, wie sich jeder denken kann.

Bei Aluminium müssen wir vor der Abgabe im Wertstoffhof oder in der weißen Aluminiumtonne danach trachten, daß wir es nicht mit Weißblech verwechseln, das in den braunen Weißblech-Container kommt. Dazu führen wir auf Vorschlag des Landratsamtes lediglich einen kleinen Magnettest durch.
Jeder wird daheim einen Elektromagnet haben. Dieser zieht Weißblech unweigerlich an, während er Aluminium vollkommen ignoriert. Es existieren zwischen ihm und dem Aluminium keine magnetischen Kraftfelder. Kaffeetüten und Butterpapier sind jedoch kein Aluminium im Sinn der deutschen Aluminiumverordnung aus dem Jahr 1928. Aber auch kein Papier.
In manchen Fällen bestehen Kleidungsstücke aus Stoff, aus Papier oder aus Polystrol und enthalten Altfettreste. Wir können sie dann selbstverständlich nicht in dem braunen Altkleider-Container entsorgen, sondern im Behälter für Fette tierischen oder pflanzlichen Ursprungs, im Recyclinghof und in der Wiederverwertungsstelle. Bei Hosen mit Metallnieten machen wir ebenfalls den bereits erwähnten Magnettest. Nach erfolgter Trennung kommen die Hosen auf den Kompost, die Nieten in die Shredderanlage oder ins Rathaus.
In die grüne Bio-Tonne, die auch blau, gelb, pink, lila oder mit Rauhfaser tapeziert sein kann, darf keine mineralische Katzenstreu, kein farbig bedrucktes Papier, kein Kadaver. Während wir Haare, Kleintierstreu, Vogelsand, Küchenkrepp und Zeitungspapier unbesorgt in die Bio-Tonne eingeben können. Allerdings darf der Vogelsand kein Aluminium sein, was aber in den seltensten Fällen vorkommt. Bei Vogelsand, der von einem Elektromagnet wie magisch angezogen wird, handelt es sich unweigerlich um Weißblech. Kanarienvögel, die infolge eines Bades in Weißblech verstorben sind, dürfen nicht in die Bio-Tonne, denn es sind die mit striktem Bio-Tonnen-Verbot belegten Kadaver.
So einfach ist das Prinzip des Gelben Lachsack, der wahrscheinlich nächste Woche vom Konzept der Weißen Windhose abgelöst wird. Insgesamt sollen wir froh und munter sein, daß die Industrie so schöne Polyethylenterephtalate und andere dringend notwendige Sachen herstellt, sonst hätten wir von Tuten und Blasen und von Mülltrennung überhaupt keine Ahnung.

Der Racheakt mit der Brennesseljauche

Der Umgangston zwischen Autofahrern und den letzten noch verbliebenen Fußgängern, läßt häufig zu wünschen übrig. Vor allem bei Regenwetter, wenn Fußgänger an einer Straßenbahnhaltestelle nach der Vorbeifahrt eines rücksichtsvollen Sechszylinders ausschauen, als hätten sie gerade unter den Niagarafällen geduscht.
Außer einer drohend erhobenen Faust und den Worten "Dreegsau, dreggerde" hat so ein von oben bis unten gut gewässerter Passant keinerlei Möglichkeiten, sich an den vorbeibretternden Sprengkommandos zu rächen. Auch die Wasserschutzpolizei greift gegen die fahrenden Sprinkleranlagen selten durch.
Dem Rentner Heinrich K. ist es jetzt aber erstmals gelungen, die Besitzerin einer 120 PS starken Dusche persönlich zur Verantwortung zu ziehen. Der Heinrich ist deswegen vor dem Amtsgericht gestanden.
Die Straße, in der der Heinrich früh um sieben Uhr immer zum Bäcker wackelt, ist noch nicht vollständig asphaltiert und enthält sehr schöne Schlaglöcher. Man kann diesen Weg nach einem längeren Regen auch leicht mit der fränkischen Seenplatte, beziehungsweise Schlammplatte verwechseln.
„Iich kumm grood vom Beggn zrigg", erinnerte sich der Heinrich vor Gericht an einen solchen Regentag, „in der an Händ in Reengscherm, in der andern mei Diidn mid die Weggla. Und dou kummd däi Frau vo hind derheer bredschd – und vull inner Bfüdzn nei. Iich konn Ihner soong, iich woor vo oomer bis undn vuller Lebberi. Wäi i hamm kummer bin, hodd mei Frau gfrouchd, obbi schdadds bam Beggn gschwind in Abano gween bin und a gräißere Bozzion Fango-Baggunger

gräichd hob. Und meine Weggla woorn aa badscherdnaß. Wenns nedd suu dreggerd gween wäärn, hädd mers hexdns nu fiir Fleischkichla verwendn kenner."
Frau Ingeborg T. hingegen behauptete, daß sie ganz sanft durch das Schlagloch gefahren sei und daß es überhaupt nicht gespritzt habe. „Des glaabi scho", schimpfte der Heinrich, „daß in dera ihrn Audo drinner nedd gschbridzd hodd. Obber iich hob nu drei Dooch dernouch in Dreeg in der Underhuusn und in die Soggn drinner g'habd." Worauf die Ingeborg entgegnete: „Mäin'S hald öfder amol die Underhuusn wechsln."
Ähnlich frech soll Frau Ingeborg T., die in der Nachbarschaft vom Heinrich wohnt, sich am Abend nach dem Schlammattentat gewesen sein. Als der Heinrich sie damals zur Rede gestellt und die Reinigungskosten verlangt hatte, antwortete sie nach den Angaben des Angeklagten: „Häddi weecher Ihner gwiss mei Audo in die Ärwerd droong solln?"
Drei Tage später wollte sie gerade wieder ins Geschäft fahren, als der Heinrich am Autofenster klopfte. „Dreher'S amol es Fensder noo", sagte er, „iich hob wos fiir Sie." Die Ingeborg kurbelte das Fenster nach unten und schon ergoß sich über sie ein Eimer voll mit einer nicht definierbaren Flüssigkeit. Es erinnerte geruchsmäßig an eine Mischung aus Kläranlage, Kuhstall und faule Eier. „Iich hob zwaa Wochn Urlaub nehmer mäin", sagte die Ingeborg, „walli den Gschdank nedd wechbrachd hob."
Auf die Frage, womit er die Zeugin gegossen habe, erklärte der Angeklagte, daß es gesundheitlich vollkommen unbedenklich war. „Biologisch-Dynamisch", sagte der Heinrich, „a Aamerla vull mid dera Brennessl-Jauche, wou iich immer mei Gmiis im Garddn dermiid dünger dou. Und aweng Kouhmisd. Wos fiir die Bflanzn gsund is, is aa fiirn Menschn gsund. Schdäid in mein Garddn-Buch exdra drinner." Für Frau Ingeborg T. war die Düngung aber nicht gut, und der Heinrich wurde wegen unbefugten Odelns einer Autofahrerin zu einer Geldstrafe von 3000 Mark verurteilt. Nach der Verhandlung ging der Heinrich ganz nah an der Ingeborg vorbei, schnüffelte ein bißchen an ihr herum und sprach: „Räichd fei immer nu aweng nach Kouhschdall. Iich glaab, arch ofd denner Sie sich aa nedd waschn, odder?"

DÖRFNER
GEBÄUDEREINIGUNG
45
Jahre...
...und wir
haben seitdem
(gottlob)
viele Dinge im
Dienstleistungs-
bereich
Gebäudereinigung
verbessert...
REINIGEN
PFLEGEN
SCHÜTZEN
GEBÄUDEREINIGER
HANDWERK
GÜTEZEICHEN
RAL
018
GEBÄUDEREINIGUNG
...in:
Bamberg, Deggendorf,
Donauwörth, Dresden,
Jena, Selb, Würzburg
und Nürnberg

Trunkenheit im Schutt-Container

Wohnungsauflösungen und Entrümpelungen sind in den heutigen Zeiten der verschärften Kehrichtgesetzgebung Schwerstarbeit und führen deshalb oft zu bleischweren Ermüdungen. Der Hotelportier Otto W. hat in der Nordstadt die Wohnung seiner in die Geborgenheit einer Seniorenkaserene abgewanderten Erbtante entsorgen sollen und ist infolge einer jäh auftretenden Ermüdung ins Räderwerk der Justiz geraten.
Vor dem Amtsgericht konnte Otto W. mit seinen Erinnerungen an eine in grober Fahrlässigkeit begangene Transportgefährdung nur noch fragmentarisch dienen. Eines der wenigen Fragmente aus dieser dürftigen Ansammlung von Erinnerungen war ein Kasten Bamberger Rauchbier. „Wenn'S dou scho amol ans drunkn hom", erinnerte sich der Otto auf die Frage des Richters nach seinem Bierkonsum, „nou wissn'S ja selber – asuu a Rauchbier, des leffd noo wie Öl."
Von früh neun Uhr an hat der Otto damals ein Küchenbüffet zerhackt, Betten zerlegt, verschiedene Schwarzweiß-Fernseher zerkleinert, mit alten Mottenkugeln geschussert, den Inhalt einer Zweizimmerwohnung zu einem am Gehsteig abgestellten Schuttbehälter hinuntergetragen und einen Kasten Rauchbier im eigenen Körper recycelt.
Hausbewohner erinnerten sich, daß er im Lauf der Enrümpelungen diverse Gegenstände wie Regale, Töpfe, Teller, Einmachgläser oder ein Sammel-Service der Einfachheit halber nicht getragen, sondern durch das Treppenhaus vom dritten

Stock hinunter geschmissen hat. „Iich bin hundschdaamäid gween", schilderte der Otto den weiteren Verlauf der Entrümpelung, „und nou hobbi mi in der Middogsbause aff däi alde Madradzn vo meiner Dande ihrn Ehebedd aweng draff gleechd." Woran sich der Otto nicht mehr erinnerte: Die Erb-Matratze befand sich bereits auf dem Schutt-Container.
Noch während des Tiefschlafs erschien der Mülltransporter Erwin K., hievte den Container zusammen mit dem fast unsichtbar in die Matratze hineingewühlten Otto auf seinen Lastwagen und fuhr in Richtung Mülldeponie.
„Iich bin hinder den Lasdwoong hergfoohrn", erinnerte sich ein Zeuge vor Gericht noch sehr genau, „und hob grood nu rechdzeidich die Brems neig'haud. Iich hob gmaand, die Überirdischen denner aff der Münchner Schdrass landn! A grouße fliechende Underdassn is fei ganz gnabb neeber mein Audo vobbeigfluung. Und iiber an Dreibsadz vo anner Racheedn wääri ball driibergfoohrn. Nou hobbi erschd gseeng, daß aff den Lasdwoong a Moo droomerschdäid und andauernd wos roowirfd."
Bei dem Sperrmüll-Werfer handelte es sich um den wieder erwachten Otto, die fliegende Untertasse war ein alter Klodeckel aus dem Hausrat der Erbtante, und der vermeintliche Treibsatz einer überirdischen Rakete hat sich als antiquarische Milchkanne herausgestellt. „Mäin'S scho endschuldichn", sagte der Otto zu dem immer noch sehr aufgebrachten Autofahrer vor Gericht, „obber iich bin aafgwachd, hob gmaand, mir sin scho am Schuddbladz und nou hobbi hald oogfangd, den ganzn Grembl abloodn."
Als die Polizei das Schuttstreufahrzeug anhielt, wollte der Otto gerade ein zerlegtes Bettgestell abladen und einige Einmachgläser mit Kirschenkompott des obstreichen Jahrgangs 1956. Wegen Mißbrauch von einem Kasten Bamberger Rauchbier und eigenmächtiger Umwidmung der Münchner Straße zur Mülldeponie wurde Otto W. zu einer Geldstrafe von 4500 Mark verurteilt.
„Sei frouh, dassd nu rechdzeidich aafgwachd bisd", tröstete der Lastwagenfahrer Erich K. den Otto, „wall sunsd lichersd edzer woohrscheins als kombosdierfähicher Bio-Abfall aff der Debonie in Fischbach drausn."

Die Elfmeter-Diskussion

Wenn der ruhm- und schuldenreiche 1. FC Nürnberg wie aus heiterem Himmel, ohne jegliches Selbstverschulden und meist wegen grob fahrlässiger Blindheit des Schiedsrichters ein Spiel verloren hat, dann wird eine solche Katastrophe von Weltgeltung in den örtlichen Wirtshäusern meist noch bis in die frühen Morgenstunden in all ihren Tiefen schwer ergründet. Die 0:2-Niederlage des Club in Kaiserslautern vor vielen Monaten ist aber auch nach einer langen Besprechung im Wirtshaus noch nicht bewältigt gewesen. Sie hat vor dem Amtsgericht erneut aufgerollt werden müssen.

Am Montag nach diesem denkwürdigen Spiel damals hatte ein Herr Herbert E. seinen Gram über die Schmach am Betzenberg in einige Biere gehüllt und einem ihm zu diesem Zeitpunkt völlig unbekannten Gast am Nebentisch ins Ohr gebrüllt: „Des woor nie im Leem a Elfmeeder, odder!?"

Normalerweise antwortet man auf so eine rhetorische, mit etwa zweieinhalb Promille behaftete Frage mit den Worten „Dou hosd reechd, Kumbl" und weicht weiteren Elfmeter-Diskussionen durch das angestrengte Lesen des Bierfilz oder der Speisekarte geschickt aus.

Bei dem vom Herbert nach der Berechtigung eines Elfmeters befragten Herrn handelte es sich aber um den ebenfalls sehr fußballsachverständigen Norbert M., der ein Augenzeuge der Schmach von Kaiserslautern gewesen war. Er antwortete in aller Ruhe: „Sooch amol, Dir mäins doch aff die Lichder gschissn hom."

Nachdem sich der zutiefst erschrockene Herbert von der fäkalen Erniedrigung seines Sehvermögens wieder einigermaßen erholt hatte, entwickelte sich eine ausführliche Diskussion über die Berechtigung des Elfmeters in der 45. Minute nach einem Foul von Thomas Brunner an Stefan Kuntz. Eine Frage, mit der sich möglicherweise das Bundesverfassungsgericht beschäftigen muß.

Im Wirtshaus ist es damals jedenfalls nicht endgültig geklärt worden. Als der Herbert wieder und wieder beteuerte, daß dieser Kaiserslauterner Kuntz wahrscheinlich von einem Windhauch, aber niemals vom Fuß des Thomas Brunner getroffen worden ist, rekonstruierte Norbert M. die strittige Szene. Er erhob sich, haute mit seiner rechten Fußspitze dem Herbert aufs Schienbein, daß der sich Sekunden später am Boden vor Schmerzen krümmte. „Siggsders", sagte der Norbert, „genau suu is gween. Vull affs Baa g'haud. Dou gibds blouß anns – Elfmeeder."

Infolge der Biere hatte der im Strafraum gefoulte Herbert die Schmerzen anscheinend gut verarbeitet. Nach höchstens zehn Minuten brachte er die Diskussion erneut in Gang. „Des woor im Leem ka Elfmeeder", wiederholte er, „der Brunner hodd in Balln gschbilld." Diesesmal reagierte der Norbert nicht. Worauf der Elfmeter-Gutachter zur Schärfung seines Urteilsvermögens noch zwei Bier trank und dann schon wieder seinem neuen Freund mitteilte: „In mein Leem is des ka Elfmeeder gween!"

Insgesamt, sagte Norbert M. vor Gericht, sei er etwa zwanzigmal mit der Feststellung konfrontiert worden, daß es kein Elfmeter war. In so einem hartnäckigen Fall helfe nur praktische Überzeugungsarbeit. Also erhob sich der Norbert wieder und drosch dem verwunderten Anhänger des 1. FC Nürnberg mehrfach auf Knöchel, Schienbein und in die Wade. Aber der Herbert blieb trotz starker Schmerzen uneinsichtig. Noch als er von den Sanitätern aus dem Gasthaus geführt wurde, schrie er zurück: „Und es woor doch ka Elfmeeder!"

Norbert M. wurde wegen der Demonstration mehrerer Elfmeter am Mann zu einer Geldstrafe von 1400 Mark verurteilt. „Kennd iich", fragte der Herbert danach zufrieden, „vo den Urdeil a Kobie hoom? Wall nou häddis schrifdlich, daß des ka Elfmeeder woor." Wahrscheinlich muß das Spiel gegen den 1. FC Kaiserslautern wiederholt werden.

Fliegende Karpfen

Geduld kommt in der menschlichen Gesellschaft in letzter Zeit bekanntlich immer seltener vor. Wie man vor allem bei der Parkplatzsuche sehr gut beobachten kann. Bei dem Warten auf einen freien Parkplatz ist die Geduld des Fischhändlers Heinz K. allerdings auf eine sehr harte Probe gestellt worden. Wegen Karpfenweitwurf und verschiedener anderer Delikte ist Heinz K. jetzt vor dem Amtsgericht gestanden.

Er war sich überhaupt keiner Schuld bewußt. Dieser nach eigenem Bekunden sonst außerordentlich geduldige Heinz ist an einem langen Donnerstag, an dem ihm im Geschäft die Karpfen ausgegangen sind, zu seinem Lieferanten gefahren, hat die noch einigermaßen lebenden Tiere dort in einer alten Zinkbadewanne abgeholt und ist wieder zurück ins Geschäft gefahren. Am Geschäft war weit und breit kein Parkplatz frei. Kurz vor einem größeren Fischsterben hat der Heinz in Gestalt der Hausfrau Ilse D. mit dem Autoschlüssel in der Hand, jemand erspäht, der aus einer Parklücke anscheinend rausfahren will. „Iich wär ball verriggd worn", schilderte er das Warten auf den Parkplatz. „Däi Frau hodd es Audo aafschberrn wolln. Und nou woorns scheinds die verkeerdn Schlissl. Nocherdla hodds ihr Handdaschn affs Audo draffgschdelld und es Ausraamer oogfangd. Nou hodds an Schlisslbund gfundn, affs Audodach draffgleechd und ihrn andern Grembl widder in die Handdaschn neigraamd. Nou hodds den Schlissl am Audodach nemmer gfundn und widder es Ausraamer vom Handdäschla oogfangd."

Ein Karpfen ist schon mit dem Bauch nach oben und verdrehten Augen in der Zinkbadewanne gelegen. Da hat der Heinz aus seinem Auto herausgebrüllt: „Am Dach lichder, bläide Henner!" Worauf Frau Ilse D. auf das Dach des fünfstöckigen Hauses vor ihr geblickt und gesagt hat: „Wer hoddn nou den dou naaf gschmissn?" Und räumte weiter ihre Handtasche aus. Beim erneuten Einräumen fiel ihr Blick auf den Schlüsselbund am Autodach. „Zeid werds, du Sulln!" schrie der Heinz hinterm Steuer und startete einstweilen seinen Motor, der allerdings immer gelaufen ist, sodaß es ein erschütterndes Geräusch im Getriebe gab. „Heilanzack!", fluchte der Heinz, „schau, dassd edzer endli in dein Brunzkiibl neikummsd und abhausd!"
Die Ilse sperrte tatsächlich ihre Autotür auf, beim Heinz in der Wanne legte sich derweil ein zweiter Karpfen flach. Auf der Anklagebank schilderte er den weiteren Verlauf der Geduldsprobe: „Des glaam'S nedd, Herr Richder, wos nou bassierd is. Däi Sunner grabbld in ihr Audo nei, zäichd a zweide Handdaschn raus, souchd ummernander, find an driddn Schlisslbund – nou hodds alle zwaa Handdaschn ins Audo widder nei, die Diir zoug'haud, abgschberrd, und is ganger. Ummer Hoor häddi mi in meiner Boodwanner hindn im Audo erdrängd."
Stattdessen fischte der Heinz in seiner Erregung einen Karpfen nach dem anderen aus der Wanne und bewarf damit die sehr überraschte Frau Ilse D. „Iich hob scho gmaand, mir hom a Sindfluud", sagte sie, „wäi neeber mir am Gehschdeich aff aamol zwaa Fiisch zabbld hom." Der dritte Karpfen traf sie aber voll im Gesicht. Nach dem Treffer trampelte der Heinz noch rumpelstilzchenartig auf der Kühlerhaube des Autos der Ilse herum und schrie: „Dir bläidn Sau werri scho zeing – miich und meine Karbfn veroorschn!"
Angeblich hätte er mit der blöden Sau nicht die Ilse, sondern das Auto gemeint. Der Heinz wurde wegen Körper- und Karpfenverletzung und Beleidigung zu einer Geldstrafe von 4000 Mark verurteilt. Strafmildernd, sagte der Richter, hätte sich der Verlust von drei Karpfen ausgewirkt. „Dankschön", sagte der Angeklagte, „obber des hädds nedd brauchd. Däi sin durch die Sauerschdoffzufuhr bam Fläing scheinds widder lebendich worn. Däi hodd mer scho nu verkaafn kenner."

Aus der Welt des Fliegens:

Die Drachentöter

Für die sogenannten Erziehungsberechtigten bricht jetzt wieder die Zeit der höheren Pädagogik an. Denn es ist Herbst, wo die Eltern anhand des beliebten Drachensteigens den untergebenen Kindern das stete Auf und Ab im Leben erläutern.
In früheren Zeiten hat man bei Einbruch der ersten Herbstwinde ein geheimnisvoll knisterndes Drachenpapier und Rundholzstäbe um DM 0,60 gekauft, einen Mehlpapp angerührt und während des anschließenden, völlig unkomplizierten Drachenbaus seine Kinder erstmals in ihrem jungen Leben mit den Worten vertraut gemacht: Scheißdreeg, bläider!", „Glumb, saudumms!" oder „Wenn edzer des Zeich nunni ball zammbabbd, nou konnsd mi mid dein Drachnschdeing am Oorsch leggn!"
Wegen Auslachen eines Vorgesetzten hat der Bau eines Drachens mit Schelln geendet. Diese haben ebenfalls geheimnisvoll geknistert, denn an den Händen des Vaters hat noch Mehlpapp mit Drachenpapier geklebt. Der Herbstwind hat die Tränen getrocknet.
In der heutigen Zeit haben sich beim Bau eines Drachens vor allem die Kommastellen verschoben. Statt DM 0,60 entrichten wir im Bastel-Shop für Flugobjekte DM 60,00 und sind dann stolzer Besitzer eines Space-Dracon, eines Hurricane HX3 oder eines Pro 7 Delta-Doubledecker für Windgeschwindigkeiten von 13 bis 33 km/h. Es steht extra drauf.

Die Frage ist dann nur noch, wie man auf der Anhöhe zwischen Buchenbühl und Kalchreuth mit Hilfe des nach oben erhobenen, befeuchteten Zeigefingers eine Windgeschwindigkeit von 33 km/h ermitteln soll. Vielleicht haben aber neuartige Väter inzwischen windempfindliche Tachometer im Zeigefinger eingebaut. Nach Messung der Windgeschwindigkeit schreitet man zur Tat, beziehungsweise zum Take-Off und entreißt seinem Kind mit den belehrenden Worten „Finger wech! Des is doch ka Schbillzeich!" den Hurricane HX3 und sinniert dann einige Stunden über der chinesischen Bauanleitung. Die Abendsonne ist schon fast auf die Hügel der Fränkischen Schweiz herniedergesunken, ein Käuzchen schreit, die Nebel steigen, da baut der fünfjährige Sohn unter vollkommener Mißachtung der chinesischen Bauanleitung mit zwei bis drei kurzen Handgriffen den lenkbaren Hurricane HX3 zusammen. Sodann hastet der Vater mit der Drachenschnur im Mund und einer Flasche Höhenbier in der Hand, ähnlich wie in dem Gedicht „Der Erlkönig", durch Nacht und Wind, unter lauten Anfeuerungsrufen seines hellauf begeisterten Kindes.
Wie der Hurricane HX3 ungefähr auf der Höhe von Neunkirchen am Brand für einige Zehntelsekunden vier, fünf Millimeter über der Erde schwebt, schreit der Sohn „Er schdeichd, er schdeichd! Hobb Vadder, renn!" Der Vater rennt wie um sein Leben, wird während der Flucht von einem gerade landenden koreanischen Kampfdrachen an der Stirn schwer verwundet, stolpert röchelnd über eine Ackerfurche und läßt, kurz bevor er in eine ansehnliche Ansammlung von Schafscheiße fliegt, aus Versehen die Schnur los.
Im gleichen Augenblick kommt wider Erwarten doch noch eine scharfe Böe auf und trägt den Hurricane HX3 hoch in die Lüfte weit nach Ziegelstein hinein. Über den Wipfel einer Eiche grüßt er uns majestätisch ein letztes Mal, die DM 60,00 entschwinden im Abendnebel. Wie der Sohn sagt „Des häddi fei aa kennd" bäumt sich der Vater zwischen den Ackerfurchen ein letztes Mal auf und verabreicht ihm eine Schelln.
Trotz erheblicher technischer Verbesserungen – die pädagogischen Grundideen des Drachensteigens haben sich in den letzten Jahrzehnten kaum verändert. Sie werden von Generation zu Generation weitergetragen.

Aus der Welt der Kommunalpolitik:

Oozapft is . . .

Der Durst Nürnberger Stadträte ist seit den Enthüllungen einer gewissen Frau Montfort-Schoppen in aller Munde. Schon soll der Oberbürgermeister das Aufstellen von Alcomaten und das Markieren von Kriechspuren auf den Rathausgängen angeordnet haben. Schon mißtrauen Ehefrauen ihren Gatten zutiefst, wenn sie früh was murmeln wie „Haid oomds werds aweng schbeeder, Bau-Ausschuß". Und die Ehefrauen antworten dreist: „Um sechser bisd derhamm, dein Bau-Ausschuß kenni scho!" Und schon wird der politische Filz in dieser Stadt als Bierfilz auf das Gemeinste verhöhnt.
Jetzt wurden uns aber Stellungnahmen aus dem Nürnberger Rasthaus in einer geheimen Flaschenpost zugespielt, die klar belegen: Über Knorpel von Stadträten ist noch nie ein Tropfen Alkohol geflossen. Das Wort von der Blauhelm-Fraktion im Rathaus ist Rufmord. Und auch, daß der in der Gesamt-CSU beschworene Geist von Kreuth in Nürnberg auf Grund eines tragischen Übermittlungsfehlers ausversehen mit Kräutergeist verwechselt wurde, klingt kaum glaubhaft. Niemand hier trinkt so einen Fusel wie Kräutergeist. Nach ersten Ermittlungen des sogenannten Volkacher-Ratsherrn-Untersuchungsausschusses wird in der CSU nachweislich Buttermilch, Ahoi-Brause, Blasentee und Hustensaft getrunken. Dazu gibt es Pfefferminzbonbon.
Zwar deuten manche Schriftsätze aus dieser Fraktion tatsächlich darauf hin, daß ihr Verfasser während seiner Suche nach

exzellenten Formulierungen mit einem starken Preller behaftet gewesen sein könnte. Aber es existieren eindeutige Schriftproben: Dieser Herr schreibt immer so, er ist stets vollkommen nüchtern. Die angeprangerten Kameradschaftsabende im Rathaus und der Vorwurf, daß ein durchschnittlicher Fraktionszwang aus zwölf Hefeweizen besteht – Verleumdungen. Diese Sitzungen dienen unter anderem der aufopfernden Pflege des traditionellen Liedgutes im Kleinraum Nürnberg ("Iich bin der Scholzns Klaa, iich gäih nedd hamm vuur zwaa, iich gäih neddd hamm vuur Dooch, walli nedd mooch").
Es ist richtig, daß neulich ein Ratsmitglied nach einer Einschußsitzung im Bratwursthäusle das Fenster mit der Hintertür verwechselt hat und auf das Pflaster des Schulgäßchens aufgeprallt ist. Es war aber erstens ein Mitglied der Regierungsfraktion, und der Rundflug hat höchstwahrscheinlich eine historische Darstellung zur 374. Wiederkehr des Prager Fenstersturzes im Rahmen verschiedener Städtepartnerschafts-Maßnahmen versinnbildlichen sollen. Alkohol war keinesfalls im Spiel.
Schon greift also der Vorwurf, daß die Damen und Herren im Rat ständig unter Volldampf stehen, wie ein Gärungsprozeß auf die anderen Parteien über. Auch hier herrscht mit Recht große Entrüstung. Herr Wolff von den Alternativen weist die Herabwürdigung seiner Person als Grüner Veltiner entschieden zurück. Frau Fohrbeck legt Wert auf die Feststellung, daß außer Nektar und Ambrosia nichts über ihre Lippen kommt. Und ein im Bodennnebel nicht näher identifizierbarer SPD-Sprecher stellte zu den Anschuldigungen klipp und klar fest: "Urrrschimbf worch menschgerchismirschlechd!!"
Eine besorgniserregende Wende zeichnet sich allerdings bei den Republikanern ab. Die Rechtsradikalen sollen seit einer Woche wie die Bürstenbinder saufen, in den Sitzungen rumgröhlen, hoffnungslos durch den Plenarsaal krabbeln und selbst vor einem dröhnenden Aufstoßen während einer Rede des Oberkellermeisters nicht zurückscheuen. Sie trachten aber lediglich danach, daß sie auf Grund ihrer ungewöhnlichen Darstellungsform mit ihrem politischen Programm endlich auch einmal öffentlich erwähnt werden. Ein Wunsch, dem wir hiermit gern nachgekommen sind.

Alte Erinnerungen

Das Problem mit uralten Freunden, die man schon seit Jahrzehnten nicht mehr gesehen hat, birgt vielfältige erkennungsdienstliche Gefahren in sich. Oft schon haben sich ehemalige Klassenkameraden fünf Stunden und eine Flasche Asbach lang über die alten Zeiten unterhalten und am Schluß unterm Tisch immer noch nicht geahnt, wer der andere Klassenkamerad eigentlich ist.
Der legendäre ehemalige Einser-Schüler Max K., der sich beruflich als ruhender Pol auf der mittleren Beamtenlaufbahn befindet, hat das Zusammentreffen mit einem seiner besten Freunde von früher mit einer Verurteilung vor dem Amtsgericht bezahlen müssen. An einem Freitagabend in der Altstadt hat Max K. anscheinend sein Langzeitgedächtnis aus Versehen in das eine oder andere Glas Wein geschüttet.
Wie er ungefähr zum fünftenmal den Schönen Brunnen umrundet hatte, ist ihm plötzlich der Tiernahrungsvertreter Norbert M. im Weg gestanden. „Ja gibbds denn suwos aa!", lallte der Max erfreut, „des is doch der Elvis!" Dieser angebliche Elvis ahnte von dem Glück eines Treffens mit einem alten Freund aus einer Rock'n Roll-Kneipe in Gostenhof noch nichts. Erst als er einen niederschmetternden Prankenhieb von hinten ins

Genick erhielt und die Worte vernahm "Alde Hiddn, wäi gäids der denn!?", merkte der aufs Pflaster geschleuderte Norbert M., daß er soeben das Opfer einer herzlichen Begrüßung geworden ist. Wie er wieder zu sich gekommen ist, hat er den Max über sich erblickt und gesagt: „Mein Herr, mir kennen sich nichd." Worauf er eine weitere Begrüßungsschelln erhalten hat. Dazu hat der Max gebrüllt: „Wassders nu, wäisd in den Werzhaus in der Kanalschdrass bis fräih ummer dreier aff der Gidarrn rumgschrubbd hosd? Und sugoor im Bollizeiaudo hommer in Jailhouse-Rock gsunger, daß mer vo den Bolli anne aff däi Waffl gräichd hom. Mensch, Elvis, dassi diich haid nachd dreff. Wer hädd des dengd!"
Am wenigsten hätte es Herr Norbert M. gedacht, der vor lauter Freude über das Wiedersehen diesmal einen altkameradschaftlichen Nierenschlag erhielt. Sekunden später, als er sich einigermaßen erholt hatte, grüßte der völlig verzweifelte Norbert zurück. Mit einem Fausthieb von unten mitten in die Eingeweide vom Max. „Iich glaab du schbinnsd aweng, Elvis", plärrte der Max, „dou sichd mer si nach dreißg Joohr widder, und nou gräichd mer vull anne am Schnerbfl."
Der Norbert flüchtete um den Schönen Brunnen und wollte im Rennen seinem Verfolger erklären, daß er nicht der Elvis ist, daß er kein Wirtshaus in der Kanalstraße kennt und daß er noch nie im Leben den Jail-House-Rock in einem Polizeiauto gesungen hat. Nach der zweiten Runde um den Brunnen ließ ihn der Max stolpern, zog ihn an beiden Ohren hoch und brüllte ihn an: „Und wennsdi am Kubf schdellsd – du bisd hunderdbrozendich der Elvis. Mei alder Freind vo Gosdnhuuf." Zur besseren Erinnerung an die alten Zeiten von Gostenhof erhielt Herr Norbert M. noch einmal zwei Ohrfeigen.
Danach wurden beide in einem Streifenwagen zum Präsidium gefahren. „Wäi damals vuur dreißg Joohr", erinnerte sich der Max mit matter Stimme und schlief ein. Wegen irrtümlicher Schelln, Fausthiebe und Rundschläge wurde Max K. zu drei Monaten mit Bewährung und 1500 Mark Geldbuße verurteilt. „Soong'S amol, Herr Richder", fragte der Max den Vorsitzenden nach dem Urteil, „sin mir fräihers nedd middnander in Schafhuuf in die Debberlas-Scholl ganger?" Für diese Erinnerung mußte der Max noch eine Ordnungsstrafe von DM 250 zahlen.

Der Laufamholzer Bettenschreck

Wo die Liebe hinfällt, stürzt sie die Betroffenen oft in große Not, mit welchen Ausreden sie früh um drei Uhr daheim bei der Frau Gemahlin aufwarten sollen. Versierte Neben-Liebhaber erzählen zuhause großartige Geschichten von Saalschlachten in einem Wirtshaus, nach denen sie im städtischen Klinikum erst wieder erwacht sind, von Raubüberfällen im Stadtpark oder von einem ortsunkundigen Taxifahrer, der sie statt heim nach Lichtenhof oder Ziegelstein infolge eines Hörfehlers irrtümlich erst bis fast ins Fürstentum Liechtenstein gefahren hat. Solche Erzählungen halten häufig einer polizeilichen Überprüfung nicht stand und enden mit einer Verurteilung wegen Vortäuschung einer Straftat.

Der Laufamholzer Bettenschreck Ewald K. ist in einer ähnlichen Notlage gewesen. An einem Donnerstagabend hat er alibimäßig ein Wirtshaus etwa zehn Sekunden lang besucht und ist dann schon hechelnd und halb ausgezogen bei seiner Geliebten erschienen. Spätestens um zwölf Uhr Mitternacht hätte er daheim bei seiner Ehefrau sein sollen. „Wäi iich aafgwachd bin", berichtete er vor dem Amtsgericht als Zeuge, „is Bungd

Zwölfer gween. Obber Freidooch middooch ummer Zwölfer, Herr Richder! Iich hob gmaand, miich driffd der grouße Dambfhammer, wäi iich aff die Uhr gschaud hob."
Ähnlich wie er bei seiner Lydia angekommen war, mit wehendem Hemd und offener Hose, rannte der Ewald aus dem Haus. Daheim erwartete ihn die auf dem Küchentisch liegende Telefonnummer des Scheidungsanwaltes seiner Frau, im Geschäft wurde ihm wegen mehrfacher eigenwilliger Gestaltung des Dienstbeginns eine fristlose Kündigung in Aussicht gestellt. Neben der Ehefrau und dem Arbeitsplatz war der Ewald dann auch kurze Zeit später seine Zweitfrau los.
Dennoch blieb er vor dem Amtsgericht bei seiner Behauptung, daß an dem verheerenden Tiefschlaf niemand anders schuld war als die Lydia. „Däi bläide Sunner", schimpfte er, „hodd mer in des Seidla Bier, wou i ba ihr gschwind nu neigschidd hob, Schloufdableddn neidou g'habd. Odder sie hodd mi hibbernoddisierd. Hunderdbrozend, Herr Richder. Sunsd hädd iich doch nedd a ganze Nachd und an halm Dooch ununderbrochn gschloufn."
Über diesen Vorwurf konnte die Lydia nur müde lächeln. „Iich soogs Ihner wäis is", berichtete die Ex-Geliebte vom Ewald auf der Anklagebank, „den Herrn Gieker sei Kamm is aa scho amol aweng ärcher gschwolln gween. Wenn'S wissn, wossi maan. Dou konni middern Sagg Kardoffln aa ins Bedd gäih." Dann wurde die Dame noch ein bißchen deutlicher: „Der is aff der ann Seidn aff mir naafgrabbld und aff der andern Seidn widder noogfluung. Und nou isser eigschloufn."
So deutlich hatte es der Herr Amtsgerichtsrat gar nicht wissen wollen. Aber es interessierte den Vorsitzenden, warum die Lydia ihren Sack Kartoffeln nicht wenigstens in der Früh geweckt hatte. „Iich hob nern ja weggn wolln", sagte sie, „obber der is vo den glann Sekundn-Hubferla scheins scho glinisch dood gween."
Beweise für die Schlaftabletten im Bier oder für eine gewaltsame Freiheitsberaubung durch hypnotische Fähigkeiten gab es nicht, und die Lydia wurde freigesprochen. „Schloufn is die besde Medizin", sagte die Lydia zu ihrem Murmeltier beim Auseinandergehen, „nerblouß wennsd amol goornemmer aafwachsd, nou moußd obachdgeem. Des kennd gfährli wern."

Der Kindersprachexperte

Immer wieder erfreuen sich verständige Kleinkinder an den Annäherungsversuchen erwachsener Mitmenschen. Häufig enden diese Begegnungen zwischen Groß und Klein aber auch mit bitteren Enttäuschungen. Der Altenpfleger Egon H. verbringt seine Freizeit mit Vorliebe auf Kinderspielplätzen. Er beherrscht die Sprache der Pampers wie kein anderer.
Trotzdem endete seine Begegnung mit einem gewissen Robert (3) vor dem Amtsgericht. Egon H. hat sich diesem Robert mit den Worten genähert: „No, du du du du? Donn du Balla bielen?" Was wahrscheinlich bedeuten hat sollen, daß er mit dem Robert Ball spielen möchte. Das Kind wollte mit dem Egon anscheinend aber nicht Balla bielen und ist wortlos auf die nahe Schaukel geklettert. Es versetzte den Egon offenbar in große Verzückung, denn er jauchzte laut: „Saukel söööön! Ein Droooßer bi du son."
Nach dem Schaukeln wollte der Altenpfleger von dem dreijährigen Robert wissen, wie er heißt, und fragte brillant: „Droooßer Buu, wer bi du denn?" Zehn Meter weg am Sandkasten saß derweil die Elisabeth, die Mutter des drooßen Buu, und strickte.

Als der Egon den droooooßen Robert fragte: „Wem dehörd denn der droooße Buu?", legte die Elisabeth ihr Strickzeug weg und antwortete für ihren schweigsamen und verbissen durch eine Röhre kriechenden Sohn: „Der Bou g'herrd mir, wenn'S nix dergeeng hom. Und edzer loun'S nern sei Rouh mid Ihrn Gwaaf. Des moocher nemli nedd, wennern anner bam Schbilln dauernd neiwaffld."
Aber der Egon ließ nicht nach. Rittlings schwang er sich auf die Kriechröhre, und als der Robert am anderen Ende wieder das Licht der Welt erblickte, brüllte er ihn einschmeichelnd an: „Doooo isser, unser Drooooßer, dooo isser." Dann hüpfte Herr Egon H auf der Röhre cowboymäßig auf und nieder und schrie: „Hoppe, hoppe Reiter, wenner fällt, dann schreiter. Fällt er in den Draaaben, bfressen ihn die Raaaaben, fällt er in den Sumbf – blumbf:"
Der Robert schaute dem Egon interessiert zu, wie er sich in den tatsächlich vorhandenen Sumpf fallen ließ und sprach dann: „Mama! Der Onkl schaud aus wäi a Dreegsau!" Dann wandte sich der Robert dem sich aus der Pfütze erhebenden Egon zu, haute ihm mit einer für einen Dreijährigen erstaunlichen Wucht mit dem Fuß aufs Schienbein und sagte: „Oorschluuch bläids, mooch nedd Hobbe Reider schbilln."
Der Altenpfleger Egon H. gab vor Gericht zu, daß er im ersten Schmerz der Mutter des Robert das Strickzeug aus der Hand gehaut und sie als „ordinäre Schnalln" bezeichnet hatte. Es könne auch sein, räumte er ein, daß er bei dem Angriff auf das Strickzeug etwas zu weit gegangen sei. „Aweng zu weid ganger", bemerkte die Elisabeth, „is goud gsachd. Der hodd mer anne gschmergld, dassi in Sandkasdn neigfluung bin. Godzeidank hodd nern mei Roberd nuu an gscheidn Oorschdridd geem, sunsd hädd mi der derschloong."
Liebe zu Kindern, erklärte der Richter, sei eine wichtige Angelegenheit, aber sie dürfe nicht zu weit gehen. Mit der Auflage, daß er in Zukunft sein Bedürfnis nach Kommunikation nicht mehr am Kinderspielplatz, sondern vielleicht im Wirtshaus stillen soll, wurde Egon H. zu einer Geldstrafe von 1200 Mark verurteilt. „Danz sön viel Deld", sagte die Elisabeth zu dem Kinderfreund nach dem Urteil, „donn des der Drooooße son danz allein bedahln?"

Kloßalarm in der Allersberger Straße

Bei aller Notwendigkeit der allgemeinen Schutzvorrichtungen – unter einigermaßen normalen Umständen braucht man in der Allersberger Straße als Fußgänger noch keinen Schutzhelm oder gar einen Air-Bag. Für den Gehsteigverkehrsteilnehmer Ludwig F. wäre es an einem Sonntagmittag aber angebracht gewesen, wenn er sich auf dem Weg zum wirtshäuslichen Mittagessen wenigstens einen Stahlhelm aufgesetzt und ein sich selbsttätig aufblasendes Luftschutzkissen unterm Hemd angebracht hätte.

Überhaupt hätte er gut daran getan, an diesem Sonntag daheim zu bleiben. „Obber des konn doch iich nedd wissn", sagte der Ludwig als Zeuge vor dem Amtsgericht, „daß an den Dooch in der Südschdadd die Gniedla suu dief flieng." Was der Ludwig auch nicht wußte: Seit vielen Jahren herrscht in der Ehe eines gewissen Heinrich M. und seiner Frau Mathilde ein Streit über den Unterschied zwischen selbergeriebenen und fabrikgefertigten Hartgummiknödel.

„Mei Frau is droo schuld", sagte der Heinrich auf der Anklagebank. „Seid Joohr und Dooch reed mer iich die Goschn fransich, daß rohe Gniedla selber griem wern mäin." Worauf ihm die Mathilde ohne Rücksicht auf die Wahrung der Würde eines Amtsgerichts ins Wort fiel: „Fraali, selbergriemne Gniedla mecherd der Herr und lichd in ganzn Sunndooch wäi a Sagg Zemend aff sein Sofa. Wenns nach Dir gengerd, häddi ja vuur

lauder Kaddoffln reim scho ibberhabbs kanne Fingerkobbn mehr!"
Ein ähnlicher Streit war an diesem Sonntagmittag hoch über der Schlucht der Allersberger Straße im Wohnzimmer entbrannt, nur war gerade kein Amtsgerichtsrat da, der die Auseinandersetzung schlichten hätte können. Es ergab damals im vierten Stock ein Wort das andere, unten am Gehsteig näherte sich der ahnungslose Ludwig. „Zum allerledzdn mool", brüllte oben der Heinrich, „iich bfeif aff deine Gummigniedla! Däi konnsd in Boris Becker nach Wimbledoon niiberschiggn, dasser in Schdich dermidd schdandrechdlich erschäißd. Normool brauchd mer fiir Deine Bfanni-Bomber an Waffnschein!" Mit diesem Wort zum Sonntag packte der Heinrich die Schüssel mit den Klößen und schleuderte sie durchs offene Fenster. „Glaam Sie's Herr Richder", äußerte sich der Ludwig zu dem Vorfall, „iich woor dodaal ferddich, wäis dou aff aamol links und rechds vo mir eigschloong hodd. In erschdn Momend hobbi gmaand, die Drimmer vonnern Komeedn sin von Unifersum roogfluung kummer." Bei der panikartigen Suche nach einem Luftschutzkeller ist das Kloßopfer an ein Verkehrszeichen gerumpelt, daß ihm die Nase geblutet hat, danach ist ihm die Porzellanschüssel auf dem Kopf zersprungen.
Wie er aus seiner Deckung unter einem Zeitungsständer wieder hervorgekrochen ist, hat er aus dem Fenster im vierten Stock etwas fliegen sehen, was sich nach dem Aufprall am Boden als gemischter Salat herausgestellt hat. „Nou hobbi", sagte er, „die Gniedla und in Salood eigsammld, bin in värddn Schduug naafganger, hob glaid und den Moo nerblouß gfrouchd, obber ba seiner Geburd vielleichd aweng zu lang kochd worn is. Mid Gniedla nach unschuldiche Schbaziergänger schmeißn! Nou hodder mer fei anne gschmierd!" Wegen Kloßweitwurf in vier Fällen und Körperverletzung mit einer Pozellanschüssel und einer Hand wurde Heinrich M. zu einer Geldstrafe von 3000 Mark verurteilt.
„Iich wass goornedd", sagte der Heinrich nach dem Urteil, „worum sich der Moo suu aafbumbd. Der konn nu frouh sei, daß nern nerblouß die Schissl am Kubf gfluung is. Meiner Frau ihre Gniedla wennern droffn häddn, wär der nemmer aafgschdandn. Des wassd."

Aus der Welt der Fürsorge:

Die Landesvaterverräter

Mit Abscheu und Empörung vernehmen wir, daß derzeit hochgradige Politiker nur wegen ihrer tiefen Liebe zu BMW, Brasilien oder Bardamen aufs Schärfste verunglimpft werden. Einige Landesvaterverräter gehen sogar so weit, daß sie unsere Abgeordneten der Vorteilsnahme bezichtigen möchten. Mit Recht geißelt der Bayernkurier diese Beschmutzungen höchster, auch fränkischer Lichtgestalten als zielgerichteten Rufmord und als Ausdünstungen giftiger Sumpfblüten.

Tag und Nacht und sogar fern der Heimat opfern sich unsere Minister, Staatssekretäre und Landesväter für uns niedere, weitgehend verblödete Untertanen auf, erfinden neue Postleitzahlen, liebliche Autobahngebühren, herrliche Solidarpakete, testen für uns neue Kleinwagen zu 150 000 Mark das Stück, halten demütig die Hand wie segnend auf und sind zu Tode erschrocken, wenn plötzlich was drin liegt, oder sie überprüfen im Dienst ihrer Wähler auf das Sorgfältigste den Komfort von Fluglinien nach Südamerika, ob man diese auch dem Volk zumuten kann – und dann dürfen sie sich für ihren nimmermüden Einsatz auch noch beschimpfen lassen. So geht es nicht.

Angeblich sollen diese Politiker durch ihre engen Kontakte

zur Industrie die Nähe zum Volk verloren haben. Auch dieser Vorwurf ist zum Lachen. Erstens ist die Nähe zum Volk gerade jetzt bei diesem Sauwetter oft mit großen Ansteckungsgefahren verbunden. Und zweitens sind liebevolle Kontakte zu Konzernherrn außerordentlich notwendig.
Jeder, der von Volkswirtschaft wenigstens den Hauch einer Ahnung hat, weiß, daß nur durch diese Kontakte allein im Großraum Nürnberg die Schließung der Firmen Triumph Adler, Erba-Textilien und National Machinery ermöglicht werden konnte. Sodaß jetzt tausende von glücklichen Arbeitern sich bereits im Alter von 40 oder 50 Jahren dem wohlverdienten Ruhestand hingeben können.
Weiters schreiben Politiker im Schweiße ihrer Pressestelle oft wunderbare, formvollendete Grußworte für Firmen aller Art und müssen sich dann zum Dank ein halb geschenktes Grundstück von der Caritas nachschmeißen lassen. Undank ist der Welt Lohn.
Trotz eines Virundzwanzig-Stunden-Tages, der viele Enttäuschungen in sich bergen kann, helfen sie noch ihren Vettern, Söhnen oder Schwippschwägern auf die Beine, die ja bekanntlich ebenfalls Angehörige des von ihnen vertretenen Volkes sind.
Zusammenfassend muß man also mit Tränen in den Augen sagen: Wir sollen unsere Abgeordneten in Ruhe lassen, sie nicht beschimpfen oder ihnen einen rechtmäßig érworbenen Aufsichtsratposten schroff unterm Hintern wegziehen. Wir sollen sie vielmehr überall hin auf Händen tragen. Dann brauchen sie sich nämlich auch kein Auto schenken lassen.
Außerdem zahlen sie es uns nächstes Jahr wahrscheinlich wieder tausendfach zurück, wenn die Wahlen vor der Tür stehen. Dann erhalten wir für unser Wohlverhalten von ihnen zahlreiche bunte Broschüren, Fähnchen oder Luftballons mit den majestätischen Buchstaben CSU, SPD oder FDP drauf. So ein Luftballon ist mindestens genau so schön wie ein Auto mit den Buchstaben BMW drauf und fliegt noch dazu wesentlich höher. Wenn der Luftballon am Firmament entschwebt, flüstern wir ein leises "Vergelt's Gott Edmund, Max, Oscar" und tun danach schon wieder alles, daß unter den Politikern keine Volksverdrossenheit aufkommt.

Aus der Welt der kommunalen Dröhnung:

Mit dem Schotterrüttler durch das Kaffeekränzchen

Bekanntlich ist die Stadt Nürnberg nicht erst seit dem umjubelten Erreichen der Regionalliga durch die Club-Vorstandschaft die deutsche Sporthochburg. So haben jetzt auch wieder die Pflasterer, Preßlufthammerwerfer, Rüttler, Betonverdichter und Tiefenbohrer ihr Trainingslager hier aufgeschlagen. Wir empfinden es als angenehm, daß das unermüdliche Öffnen und Schließen von Straßen, Plätzen und Gehsteigen heuer meistens in nächster Nachbarschaft von Gasthäusern stattfindet. Direkt am Kettensteg, bei den Zunftstuben, Café Neef, Café Kröll oder vor der Endres'schen Gaststätte stößt die Stadt Nürnberg derzeit mit vereinten Kräften zum Erdmittelpunkt vor, daß das berühmte Loch von Windischeschenbach ein kalter Kaffee dagegen ist. Was in diesen Löchern geschieht, weiß niemand genau. Der Oberbürgermeister ist vorsichtshalber nach Brüssel abgereist, damit er nachts beim Heimfahren mit dem Rad nach Zabo nicht aus Versehen in einen Pegnitzsammler oder eine Pflastersanierung hineinfliegt und erst in Lauf wieder aus einem Mannesmannrohr stark verkleinert rauskrabbelt. Brüssel ist weitgehend baustellenfrei.
Wer nicht nach Brüssel flüchten kann, sitzt zur Zeit in einem der erwähnten Gasthäuser und tut gut daran, sich wie Odysseus als Schutz vor den Sirenen die Ohren mit flüssigem Wachs auszugießen. An einem Bier kann man dort nämlich auch ohne Ohren die Stärke eines Nürnberger Baustellenbebens erkennen. Beim Einschalten eines Kompressors etwa wiegt sich das Bier nur ganz leicht wie bei Windstärke 12 im Glas. Kommt ein

Preßlufthammer dazu, fliegt einem das Hefeweizen voll in die Waffel, so daß man es nur noch hinunterzuschlucken braucht. Man erspart sich das Heben des Maßkrugs. Wenn die Schotterrüttler einsetzen, rutscht einem wie von Geisterhand gezogen, die Hose in die Kniekehle.

Bei der Auswahl der Speisen soll man sorgfältig vorgehen. Die legendären Nürnberger Gummigniedla geraten schon beim Abladen von Pflastersteinen von einem 20-Tonnen-Kippanhänger in leichte Vibrationen, beginnen während des anschließenden Baggerns zu springen und hupfen durch die Erschütterungen einer Geländewalze oft bis zu zwei Meter vom Teller hoch. Wenn der Kloß wieder im Teller aufprallt, können sich durch die dort befindliche Soß nicht ganz ungefährliche Springfluten ergeben.

Im Café Kröll wiederum beobachten wir jene kleinen, überaus emsigen Schaufelbagger, die das Bestellen und Trinken einer Tasse Kaffee zum unvergeßlichen Erlebnis machen. Infolge des Motorgedröhns, das uns an den Abgang einer Steinlawine im Hochgebirge gemahnt, können Bestellungen nur handschriftlich oder mit einer 5000-Watt-Verstärkeranlage vorgenommen werden.

Manchmal erhält man seinen Kaffee mit einer gut gezielten Baggerschaufel voll Sand, manchmal springt ein Mandelhörnchen mit Schokoguß selbständig vom Tisch. Manchmal wird eine Bedienung auf der Flucht überfahren. Die meisten Gäste im Café Kröll versammeln sich zur Zeit in den Toiletten, die sich im Baustellenschutzkeller befinden. Dort ist man vollkommen sicher, nur bei Sprengungen der Pflasterer reißt es vielleicht ein paar Abortdeckel aus der Halterung, die dann majestätisch wie ein Ufo durch die Lüfte fliegen. Kuchen und Torten werden von den Bedienungen nach Art der Watussifrauen auf dem Kopf zum Gast balanciert, mit den Händen halten sie sich die Ohren zu.

In den von städtischen Bautrupps belagerten Gaststätten muß auch vor dem Alkohol gewarnt werden. Oft bettet sich nachts ein betrunkener Gast direkt neben dem Wirtshaus zur verdienten Ruhe und wacht früh von einem drei Meter hohen Bauzaun umzingelt wieder auf. Bei der hartnäckigen Dauer Nürnberger Baustellen kann es lebenslängliche Haft bedeuten.

Der beschwingte Oberkellner

Der Wirthausgast unterscheidet drei Typen von Kellner: Den unermüdlichen, stark schwitzenden, acht Schnitzel auf einmal servierenden, aber vollkommen schweigsamen Diener seiner Gäste, dann den überfreundlichen, mit einem vollautomatischen Bückling ausgestatteten, jedoch stark vergeßlichen Tablettstemmer und schließlich noch den Typ Mumpfler, der entschieden seinen Beruf verfehlt hat.
Der Kellner Alfons R. gehört im Normalzustand nach Bekunden seiner Stammgäste zur dritten Kategorie. Unter anderem pflegt er abendliche Wirtshausbesucher mit den Worten zu begrüßen „Is gwiss nix Gscheids im Fernseh haid Oomds?"
An einem Sonntagmittag hat dieser Alfons seine tiefsitzende Aversion gegen Wirtshaushocker mit verschiedenen Personalschnäpsen bekämpft und hat dadurch beim Eintreffen der ersten Gäste alle drei Typen eines souveränen Oberkellners in sich vereinigt. Er ist wegen Betrug, Beleidigung und leichter Körperverletzung vor Gericht gestanden.
Das Unheil hat sich an diesem ursprünglich sehr friedlichen Sonntag nach dem zehnten doppelten Sechsämter angebahnt, den der Alfons wegen Zahnschmerzen als Medizin einnehmen hat müssen. Als ersten hat es einen Stammgast namens Erwin K. erwischt. „Iich beschdell", sagte der Erwin vor Gericht aus, „wäi jeedn Sunndooch a Bier mid Bierwärmer, a fränkische Hochzeidsubbn und a Schaifala. Nou sachd der Kellner zu mir 'Iich hob edzer ka Zeid, wärm der dein Oorsch wou andersch aaf!'. Also Herr Richder, iich hob gmaand, iich heer nedd richdi. Und nou bringder mer schdadds a Bier an Schobbn Frankn, vom deiern nerdirli, saufd nern vuur meine Aung aff an Zuuch aus und in der Fränkischn Hochzeidsubbn is der Bierwärmer drinnergleeng."

Anschließend servierte der Alfons dem Erwin einen Kloß mit Soß, der am Nachbartisch bestellt war, lallte ganz laut „Edzer frissd des Gniedla, Schaifala sin aus" und schüttete dem erstaunten Gast die ziemlich warme Bratensoß aus Versehen in den Hemdkragen. „Sie hom mich am Buggl dodaal verbrühd!" brüllte der Erwin. „Iich hob gmaand, Diich frierds", erwiderte der Kellner ungerührt, „wallsd an Bierwärmer verlangd hosd."
An einem anderen Tisch wollte ein Gast dringend zahlen. „Edzer warddsd, Maulaff bläider", bat ihn der Alfons noch um ein wenig Geduld, „iich hob wos andersch aa nu zum Dou. Sauf erschd amol Dei Bier aus." Bevor dieser Gast sein Bier austrinken konnte, hatte es der inzwischen schwer betrunkene Kellner aber schon für ihn erledigt.
Einem älteren Ehepaar rechnete er mit einem Messer als Kugelschreiber auf dem Bierfilz vor, daß es für zwei Seniorenschnitzel und zwei kleine Bier 89 Mark zahlen muß. Dazu sagte er, bezugnehmend auf sein Trinkgeld "Die masdn geem an Hunderder". Eine Dame erhielt zum Sauerbraten statt einem gemischten Salat einen Eisbecher „Hawaii". Ihr Protest ging in den Worten vom Alfons unter: „Schnull des Eis und hald dei Goschn. In Sauerbroodn nimmi widder miid, den konnsd mid Dein Gebiß suwiesuu nedd beißn."
Kurz vor seiner fristlosen Entlassung mit Hilfe einer Polizeistreife wollte der Alfons den Stuhl vom Erwin ordentlich unter den Tisch schieben, hatte aber nicht bemerkt, daß der am Rücken verbrühte Gast noch draufgesessen ist. Zu dem zusammengeschobenen Erwin sagte er: „Edzer hoggd der Sandler immer nu dou. Mir sin doch ka Aafwärmschduum."
Aus den verschiedenen Mißhandlungen, Verbrühungen, überhöhten Abkassierungen und Beleidigungen bildete das Gericht eine Gesamtstrafe von dreitausend Mark. Der Kellner Alfons R. versicherte, daß er sich an überhaupt nichts erinnern kann, die Strafe aber gern zahlt. Und ob ihm die Zeugen vielleicht verzeihen und bei seinem Arbeitgeber ein gutes Wort einlegen könnten. „Des moußi mer nu iiberleeng", antwortete ihm der Erwin, „wall numol lou iich mir vo Ihner nedd es Hemmerd auszieng und in Buggl mid Kedschubb eireim, und dann soong, des is a Brandsalm."

Machen wir's den Schwalben nach

Die Liebe zur Natur, das traute Einvernehmen zwischen Mensch und Kartoffelkäfer, das brüderliche Zusammenleben und Unterhalten mit Engerlingen, Raubmilben oder Blattläusen, wie es schon der Heilige Franziskus propagiert hat, führt nicht immer zu einer seelischen Harmonie, dem Endstadium menschlichen Strebens. Bei dem Schwalbenfreund Erwin K. hat es nachts um drei mit einer tätlichen Auseinandersetzung geendet.

In der Doppelgarage von Erwin K. nisten seit vielen Jahren Schwalben. Diese Zugvögel haben die Eigenschaft, daß sie ihre Notdurft kurz vor dem Einfliegen in ihr Nest verrichten. Diese Eigenart hat zur Folge, daß das Auto des Garagennachbarn von Erwin K., dem der Tierwelt nicht besonders zugetanen Heinz B., im Frühjahr ausschaut, als hätte jemand am Dach kleine, gesprenkelte Rallye-Streifen draufgemalt. „Horng'S amol, Herr Nachbar", sagte eines abends der Heinz zum Erwin, „mei Audodach is doch ka Schwalm-Abbord. Däi mid ihrer Scheißerei, des frissd mer nu in ganzn Lagg wech. Däi Nesder mäin raus."

Der Erwin, Besitzer des Hauses und der Doppelgarage, hielt dem Heinz einen langen Vortrag über die Existenzberechtigung jeglicher Kreatur auf der Welt im Allgemeinen und über die Nutzungsgenehmigung eines Autodaches als öffentliche Toilette für Schwalben im Besonderen.
Der Heinz lauschte diesen erhabenen Worten geduldig und sagte am Schluß: „Iich glaab, daß Sie aweng an Badscher hom. Däi Schwalmnesder kummer wech." Am anderen Tag waren sie gemäß dem Naturgesetz des Rechtes der Stärkeren weg.
Das tragische Ende der Auseinandersetzung erfolgte aber erst zwei Tage später, als der Heinz sein Autodach von den ätzenden Schwalbenbätzchen sauber gereinigt und aufpoliert hatte, „Iich schlouf manchmool aweng unruich", sagte der Heinz vor Gericht, „und nou wach iich in dera Nachd fräih ummer dreier rum aaf, walli di Garaaschndiir g'heerd hob. Zeerschd hobbi gmaand, die Schwalm sin widder dou und scheißn aff mei Audo draff. Bis mer eigfalln is, daß Schwalm ja ka Garaaschndiir aafschberrn kenner."
Der Heinz pirschte im Schlafanzug an die Garage, wo er im Inneren ein eigenartiges Ächzen und Stöhnen hörte, wie wenn sich jemand in den letzten Zügen befinden würde. Diese Vermutung war richtig, denn als der Heinz blitzschnell die Tür öffnete und das Licht einschaltete, erblickte er zu seiner großen Überraschung den Erwin , der sich gerade wieder die Hose hochzog. „Der mouß doch wergli nedd ganz sauber sei", äußerte sich Heinz vor Gericht, „Schdeichd der middn in der Nachd aff mei Audodach draff und sedzd mer dou einen Kackdus draff, daß alles zerschbeed is."
Nach eigenen Angaben wollte der Erwin auf diese beeindruckende Weise die Vertreibung seiner Schwalben rächen. Er bezog für das Besteigen und kunstvolle Verzieren eines Autos einige Schelln vom Heinz.
Der Schwalbenfeind und entschiedene Verfechter sauberer Autodächer wurde wegen Körperverletzung zu einer Geldstrafe von 1200 Mark verurteilt. „Sauber", sagte der Heinz nach dem Urteil, „woohrscheinds werd edzer aa nu verfüüchd, dassi aff mein Audodach a Abborddschissl inschdalliern lass fiir mein Hausherrn. Und a Klobabier fiir die Schwalm."

Der Weihnachtsgans-Killer

Schon seit Jahrzehnten begeht Herr Konrad W. aus Fürth immer, wenn die Herbstnebel wallen, mit einigen guten Freunden sein legendäres Gansessen. Dieses Jahr hat das vorweihnachtliche Freßfest wegen versuchter, grobschlächtiger Tötung eines gewissen Hansi ausfallen müssen. Konrad W. ist statt daheim vor der Elektroröhre vor dem Amtsgericht gestanden.
Im vergangenen Jahr hatte der Liebhaber rösch gebratener Gänseschlegel und Pfaffenstücklein im Supermarkt eine ziemlich tief gefrorene Gans gekauft, die ganz bestimmt nicht aus Budapest, Warschau oder Schnaittach gestammt hat, sondern anscheinend aus den Regionen des ewigen Packeises hoch im Norden von Grönland. Sodaß es beim anschließenden herbstlichen Gala-Dinner trotz einer langen Auftau-Phase rohe Klöße on the Rocks gegeben hat.
Aus dieser Erfahrung heraus hat der Konrad heuer im Frühling eine lebende Jung-Gans erstanden und sie daheim im Garten mit Haferflocken und frischem Blattspinat biodynamisch auf stattliche fünfundzwanzig Pfund gemästet, mit der ökologischen Bestimmung aller landwirtschaftlichen Lebewesen, daß sie im November kurz vorm heiligen Martinstag geschlachtet, gerupft und verzehrt wird.
Die Nachbarschaft hat dieses Vorhaben argwöhnisch beobachtet. Vor allem nachts, wenn dieser Hansi um zwei Uhr aus Sehnsucht nach Haferflocken und Blattspinat laut zu schnattern begonnen hat. Aber im Lauf der Monate ist die Jungmastgans Hansi allen ans Herz gewachsen.

Als der Tag des Schlachtens nahte, ist die ganze Nachbarschaft hinter den Vorhängen am Fenster gestanden. „Des woor der vielleichd ein Deooder Herr Richder", sagte der Angeklagte, „wäi iich die Haggn ausn Keller g'hulld hob. Des kenner'S Ihner nichd vuurschdelln. Mei Dochder is zwaa Dooch dervuur aus Brodesd scho auszuung. Mei Frau hodd rumgriener, daß mer läiber Kloß mit Soß essn und der Hansi am Leem bleim soll, und ausn Nachberhaus hodd anner ausn Drebbnhaus dauernd 'Mörder! Mörder!' gschriea."
Der Hansi kam sofort auf sein Herrchen zugeflattert, in der Meinung, es gibt wieder Haferflocken mit Blattspinat, umrundete einige Male den Hackstock und wußte nicht, daß auf dieser Guillotine sein Todesurteil vollstreckt werden soll.
Schließlich gab der Konrad sein Vorhaben auf, den Hansi mit Hilfe der Holzhacke aus dem Diesseits in die ewigen Mikrowellen abzuberufen. „Iich hob", sagte er, „däi alde Wehrmachdsbisdoln vo mein Vadder ausn Nachdkäsdla g'hulld. Munizion hommer aa nu g'habd, und nocherdla binni widder in Garddn noo."
Sekunden später peitschten zwei Schüsse durch den Hof. Der erste Schuß streifte den Hansi am Gänseschlegel. „Und der zweide Schuß", erinnerte sich der Konrad, „mid den hobbi in mein Audoreifn an Bladdn neigschossn."
Danach entriß die Ehefrau dem Niederwildjäger die Pistole. Seither knappt der Hansi ein bißchen am linken Bein, lebt aber glücklich und zufrieden auf einem Bauernhof in der Fränkischen Schweiz. Wegen unerlaubten Waffenbesitzes und Hinterhoffriedensbruchs wurde Konrad W. zu einer Geldstrafe von 1400 Mark verurteilt.
Was es beim traditionellen Gansessen heuer gegeben habe, wollte der Amtsgerichtsrat noch wissen. „Zimmli fegedarisch", antwortete der Konrad traurig. „Haferfloggn mid Bladdschbinood hommer gessn. Wall fiirn Hansi braung mer des Zeich ja nemmer."
Und ein dem Prozeß beiwohnender Nachbar gab dem Konrad nach der Verhandlung den guten Rat: „Wennsd widder amol a Goons schlachdn willsd – edzer gibds iiberool billiche Granadwerfer vo di Russn. Dou hosd nocherdla nachn erschdn Angriff glei a Gänseklein."

Der Kuchen, der besoffen macht . . .

Seit Menschengedenken schon ist über dem berühmten fränkischen Handwerkerlied vom Maurermeister Mörtel ein großes Geheimnis gelegen. Bekanntlich heißen die wesentlichen Zeilen in dieser Anti-Emanzipations-Hymne: „Iich bin vo Hilboldschdaa der Maurer Mörddl, iich drooch kann Husserdräächer nedd, iich drooch an Gärddl, iich mooch ka Uufergniedla nedd, iich mooch an Schadd, haid gemmer widder goornedd hamm, mei Alde wardd."
Und kein Textwissenschaftler hat bisher eruieren können, warum der Maurermeister Mörtel lieber einen Schatt ißt als ein hefegebackenes Ofenkniedlein. Durch eine Verhandlung am Amtsgericht ist jetzt das Mysterium um den Schatt gelüftet. Es hat sich dort Herr Konrad W., ein Nachfahre des Maurer Mörtel, wegen schwerer Trunkenheit im Straßenverkehr verantworten müssen.
Schon als er in jener schicksalschweren Nacht im Süden Mittelfrankens von der Polizei behutsam aus seinem Auto herausgetragen wurde, hatte er die Frage, ob er was getrunken hat, energisch lallend verneint. Und auch jetzt vor Gericht hat er sich nur noch dran erinnern können, daß es an diesem Kirchweihabend nichts Aufstößiges mehr zu trinken gegeben hat.

„Iich wass blouß nu", sagte er in der Verhandlung, „daß die Wirdin gsachd hodd, iich konn nu a Kännla Kaffee hoom und endweder a frisch baggns Uufergniedla odder an Schadd. Kaffee hobbi kann gmechd, und nou hobbi fimbf Schdiggla Schadd neigworchd. Und dernouch hoddsmi dreed wäi innern Dreier-Luubing."
Zwar hat es sich bei dem Kirchweihgebäck um einen Arrak-Schatt gehandelt, aber auch von diesem mit Chemiebranntwein getränktem Gugelhupf ist noch nie jemand sturzbetrunken geworden. Es ist dann vor Gericht der Küchenhelfer und Schankkellner Georg F. zur Analyse des Schatts vernommen worden. „Arrag hommer kann g'habd", sagte der Georg, „und nou hobbi iiber den Koung a Fläschla Medaxa Fimbf-Schdern driibergschidd und hobb nern in Konrad zum Versoung geem."
„Schmeggd nichd schlechd", hat der Konrad nach dem ersten kräftigen Schluck Kuchen gemeint, „obber dou fehld nu irchndwos."
So tränkte der Georg den Kuchen noch mit einer halben Flasche Asbach, einem Liter Kirschgeist, einem weißen Rum, mit einigen Schoppen Frankenwein und schmeckte ihn mit 0,7 Liter Sechsämtertropfen ab. „Wer vo den Koung nedd bsuffn werd", lobte der Georg vor dem Amtsgericht stolz sein Backrezept, „der mouß a Leber hoom wäi a Ochs. Normool häld des ka Sau aus." Nach fünf Stück Arrak-Schatt soll der Konrad damals gesagt haben: „Am besdn is die Soß." Dann hat er den Teller vollkommen leergetrunken, die letzten Tropfen noch abgeleckt und sich, nachdem er zweimal vom Stuhl geflogen war, hinters Steuer seines Autos gesetzt.
Wie nachts im Krankenhaus 3,4 Promille ermittelt worden sind, und der Arzt den Konrad erstaunt gefragt hat, ob er eine Schnapsfabrik überfallen hat, hat auch der Mediziner nur erfahren: „Kann Drobfn Algerhol, Du Doldi mid Dein weißn Kiddl. Fimbf Schdiggla Koung hobbi gfressn, sunsd nix."
In welcher Form man Alkohol zu sich nimmt, war dem Amtsgerichtsrat egal. Der Konrad wurde zu einer Geldstrafe von 3000 Mark verurteilt und zu 12 Monaten Führerscheinentzug.
„Ba uns in Hilboldschdaa, dou is nix lous", sang der Konrad beim Auszug aus dem Saal, „iich hob kann Führerschein, edz gäih i z'Fouß."

Aus der Welt der Weihnachtswunder:

Der Stern von Buchenbühl

Seit Jahrhunderten forschen Gelehrte darüber, ob der Stern von Bethlehem mit seinem legendären Schweif seinerzeit tatsächlich am Firmament erschienen ist, oder ob es nur eine Halluzination der heiligen drei Könige infolge einer Überdosis Weihrauch war.

Die zahlreichen Forschungen auf dem allgemeinen Erleuchtungsgebiet hätten sich die Wissenschaftler aber klemmen können. Denn allein beim Durchschreiten der Gibitzenhofer Haupstraße dieser Tage haben wir achtundvierzig, tatsächlich existierende Sterne von Bethlehem in Wohnzimmerfenstern gezählt.

Diese bisher anscheinend rätselhaften Kometen werden, wie wir gesichert wissen, aus dem Erscheinungs-Set „Christmas-Miracle" made in Taiwan zu 24,95 DM gebildet und blinken nicht nur in Gibitzenhof den Menschen ein elektrisches Wohlgefallen zu. Auch in Johannis oder Erlenstegen erblicken wir nachts die in der Fachwelt als „Lauflichterkettenkerzen mit Trafo" bezeichneten Weihnachtswunder.

Sollten derzeit zufällig drei heilige Könige unterwegs sein, sie würden nicht wissen, wo sie zuerst auf die Knie fallen und das jeweilige Kindlein anbeten sollen. Die gewitterartig aufleuchtenden Sterne der Verheißung mit der bewährten 220-Volt-Serienschaltung senden ihre über das Fenster huschenden Botschaften jetzt wieder aus Tausenden von Wohnzimmern,

so daß der Einzelhandel die Entwicklung zwei Wochen vor dem Fest als zufriedenstellend bezeichnet.
Käufer dieser Nonstop-Lauffeuer erkennt man daran, daß sie seit Tagen ebenfalls an nervösen Zuckungen, Schlafstörungen und Bettnässen leiden. Eine viersitzige Cessna ist neulich in einem Vorgarten in Ziegelstein gelandet. Der Pilot hat die in der Heroldsberger Straße, Ecke Bierweg wild zuckenden Weihnachtsblitze, die uns eigentlich die Botschaft von der Gnade des Herrn vermitteln sollen, irrtümlich für das Leuchtfeuer vom nahen Airport gehalten.
Sehr hilfreich wirken sich die Christmas-Irrlichter auch aus, wenn wir Freitag nachts, durch einige Liter Glühwein orientierungslos geworden, durch die leeren Straßen taumeln und schon nicht mehr wissen, wo oben und unten ist, oder wo wir wohnen. Der Stern von Bethlehem oder Buchenbühl kündet uns. „Klopfet an, so wird Euch aufgetan." Man muß dabei nur noch danach trachten, daß einem von den 220 Volt nicht auf die Griffel geklopfet wird.
Ein schwer betrunkener Autofahrer hat dieser Tage in der Bayreuther Straße auf offener Strecke angehalten, über ihm hat es aus einem Weihnachtsfenster geisterbahnartig rot, gelb, und grün geblinkt. Durch das Wunder der schnellsten Ampelphase der Welt ist dieser Herr, der vorher dem Heidentum angehört hat, bekehrt worden.
Er hat sich aus dem Auto fallen lassen und ist auf allen Vieren mit dem Aufschrei „Hilfe! A bsuffne Verkehrsambl!" heimgekrochen. Noch in der halben Nacht hat er sich inwendig mit dreisternigem Kognak taufen lassen.
Die Lauflichterkette Christmas-Miracle findet aber nicht nur als Verkehrsampel-Imitaion in Wohnzimmerfenstern Verwendung, sondern man kann sie auch auf Edeltannen im Garten installieren, in den Lkw-Führerhäusern, am Wachhund oder am Ehepartner, der gern als EWAG-Engel weihnachtlich zuckend durch die Straßen wandeln möchte.
Im Gegensatz zum trockenen Wohnzimmerfenster muß der menschliche, gelegentlich feuchte Lauflichterkettenträger aber aus Sicherheitsgründen geerdet werden. Diesen städtischen Lichtengeln rufen wir deshalb vorsichtshalber ein weihnachtliches „Friede beim Erden" zu.

Aus der Welt des Glaubens:

Schrille Nacht, Eilige Nacht . . .

Nächste Woche findet im Rahmen der gesetzlichen Bestimmungen des Binnenmarktes Weihnachten statt. Gemäß den ebenfalls zugrundeliegenden biblischen Durchführungsbestimmungen ist es ein Fest der Gnade, der Liebe, des Lichts, der Barmherzigkeit, der Freude, der Stille, der inneren Einkehr, der Demut, der Bescheidenheit.
Demut, Liebe, Bescheidenheit haben wir wahrscheinlich schon im Übermaß in unseren Herzen ruhen. Daß das Fest des Jahres aber nicht in die Hose geht, müssen wir in den letzten Tagen vor Weihnachten auch noch verschiedene andere Vorkehrungen treffen. Haben wir zum Beispiel einen Termin bei unserem Psychotherapeuten, kennen wir die Notrufnummer der Feuerwehr, falls uns der Kittel brennt, weiß der Hausarzt bescheid, daß wir eventuell nach der Christmette bei ihm vorbeischauen, wenn wir uns an Kaviar, Räucherlachs, Gänseleberpastete und Lobster ein bißchen überfressen haben?
Alles wichtige Fragen, die zur ordnungsgemäßen Durchführung eines Heiligen Abends geklärt werden müssen. Kleine Speikübel sind überall im Haus aufzustellen, die Bestellung einer Fuhre Alka Seltzer harrt der Erledigung. Wer nachts nach einigen Fläschlein Weihwasser Demisec oder Brut irrtümlich La-

metta von der kanadischen Import-Edelzeder knabbert, weil er es für Sauerkraut hält, soll danach trachten, daß er noch eine private Kankenversicherung abschließt. Auch die Hausratversicherung sollen wir erhöhen, falls infolge Mißbrauchs von Sternlasspeiern die Zweit-Zirbelstube in Monaco niederbrennt. Dadurch, daß man sich auch heuer wieder nur Kleinigkeiten schenkt, kann man das Gebiet des allgemeinen Warenaustausches glücklicherweise weitgehend vernachlässigen. Dennoch müssen wir klären: Soll der kleine unscheinbare Sechzehn-Ventiler mit 300 PS in Geschenkpapier eingewickelt werden, wie überreichen wir die Eigentumswohnung für die Frau Gemahlin, lassen wir das Lukas-Evangelium heuer wieder von einem Vermögensberater unter notarieller Aufsicht vortragen? Tränen der Rührung und besinnliche Freude ruft unweigerlich die CD Heidschibumbeidschi in Verbindung mit dem Juckpulver „Owielacht" hervor. Wir müssen beides rechtzeitig besorgen.
Das Messingschild an unserer schmiedeeisernen Pforte „Betteln und Hausieren verboten" muß gereinigt und gut lesbar werden. Denn gerade vor Weihnachten nehmen die Belästigungen von Menschen, die durch eigenes Verschulden und durch die dankenswerte Modernisierung der Sozialgesetzgebung nicht unter die Weihnachtsgnade fallen, in beängstigendem Ausmaß zu.
Wir überweisen noch unsere Spende je nach Belieben für die Bosnien-, Indien-, Eritrea-, Angola-, Rußland-, Kurden-, Mazedonien-, Rumänien-, Bulgarien-, Burundi-, Somalia-, Sahel-, Kinder- oder Tierhilfe und betten sodann unser Gewissen in Aspik, wo auch schon die Trüffelpastete ruht. Sind alle Punkte dieser voll christlichen Weihnachts-Checkliste abgehakt, können wir bedenkenlos ein frohes Fest feiern.
Wer als Höhepunkt der Feierlichkeiten den Rädelsführer von Weihnachten persönlich aufsuchen möchte: Er befindet sich seit einiger Zeit nicht mehr in der Krippe in Windeln am Nürnberger Christkindlesmarkt, sondern in der geschlossenen Abteilung des Bezirkskrankenhauses Bethlehem in nasse Tücher gewickelt. Bei seinen Managern möchten wir uns an dieser Stelle noch einmal aus vollem Hals und mit einem ganz herzlichen Hosianna für Weihnachten bedanken.

Inhaltsverzeichnis